Eduarda Mansilla de García

Recuerdos
de
Viaje

edición
J.P. Spicer-Escalante

STOCKCERO

Mansilla de García, Eduarda
    Recuerdos de viaje / edición literaria a cargo de: Juan Pablo Spicer-Escalante - 1a ed. - Buenos Aires : Stock Cero, 2006.
    60 p. ; 22x15 cm.

    ISBN 987-1136-57-9

    1. Relatos de Viajes. I. Spicer-Escalante, Juan Pablo, ed. lit. II. Título
    CDD 910.4

Copyright Prefacio y Notas © J.P. Spicer-Escalante
de esta edición © Stockcero 2006
1° edición: 2006
Stockcero
ISBN-10: 987-1136-57-9
ISBN-13: 978-987-1136-57-5
Libro de Edición Argentina.Libro de Edición Argentina.
Hecho el depósito que prevé la ley 11.723.
Printed in the United States of America.
Ninguna parte de esta publicación, incluido el diseño de la cubierta, puede ser reproducida, almacenada o transmitida en manera alguna ni por ningún medio, ya sea eléctrico, químico, mecánico, óptico, de grabación o de fotocopia, sin permiso previo del editor.
stockcero.com
Viamonte 1592 C1055ABD
Buenos Aires Argentina
54 11 4372 9322
stockcero@stockcero.com

Eduarda Mansilla de García

Recuerdos
de
Viaje

Nota del Editor

La presente edición sigue con exactitud, salvo en la corrección de algunos errores de imprenta y de continuidad estilística y gramatical, la obra original (Buenos Aires: imprenta de Juan A. Alsina, 1882). Por ende, incluye ciertas expresiones finiseculares y refleja las pautas gramaticales de la época. En lo posible se han corregido ciertas expresiones incorrectas aunque en general se han respetado los errores de lengua extranjera en esta edición ya que no se sabe a ciencia cierta si se deben al manuscrito o la edición impresa.

Quisiera darles las gracias a los integrantes del plantel bibliotecario de la Academia Argentina de Letras, y al presidente de dicha institución, el dr. Pedro Barcia, por facilitarme el acceso a la edición príncipe de esta obra. Asimismo, les doy mis más sinceros agradecimientos a la dra. Cristina Perissinotto por su notable asistencia linguística con varios giros en latín, y a la sección de investigación en humanidades y ciencias sociales de la New York Public Library por su apoyo con ciertos datos biográficos.

J.P.S.E.

Índice

En su "calidad de viajera distinguida": La constitución de una voz femenina del viaje en Recuerdos de viaje (1882) de Eduarda Mansilla de García VII
La viajera y la literatura de viajes XI
Eduarda Mansilla: autora, viajera y nómada XIV
Recuerdos de viaje: la causerie y la voz femenina del viaje XVII
Obras Citadas XXV

Recuerdos de viaje

Preliminares 1
Capítulo I 7
Capítulo II 13
Capítulo III 18
Capítulo IV 26
Capítulo V 30
Capítulo VI 35
Capítulo VII 41
Capítulo VIII 48
Capítulo IX 54
Capítulo X 60
Capítulo XI 64
Capítulo XII 70
Capítulo XIII 76
Capítulo XIV 80
Capítulo XV 85
Capítulo XVI 91

Capítulo XVII 97
Capítulo XVIII...103
Capítulo XIX 112
Capítulo XX 120

> "EN EL SEGUNDO PISO ESTÁN LOS APOSENTOS CON SUS ANCHAS CAMAS MATRIMONIALES, QUE LA MUJER NORTE AMERICANA, OSTENTA SIEMPRE, EN LAS NOCHES DE RECEPCION, CON SUS DOBLES ALMOHADONES CON FUNDAS BLANCAS, CUBIERTAS DE BORDADOS Y CON LA SÁBANA LISA BIEN DOBLADA SOBRE LA COLCHA, INVITANDO AL REPOSO; SIN QUE LE OCURRA SIQUIERA, FUERA MÁS ELEGANTE Y MÁS PÚDICO, VELAR ESOS MISTERIOS DE LA ALCOBA, CON UNA SOBRECAMA DE OSCURO RASO".
>
> "NO ES POSIBLE ESTUDIAR, COMO SIMPLE VIAJERO Á LOS ESTADOS UNIDOS [...] SIN ECHAR UNA MIRADA RÁPIDA SOBRE SU HISTORIA Y FORZOSAMENTE TAMBIEN, ESTUDIAR LOS ELEMENTOS QUE FORMARON EN SU ORÍGEN LA UNION AMERICANA".
>
> *Recuerdos de viaje* (1882)
> E. Mansilla de García[1]

EN SU "CALIDAD DE VIAJERA DISTINGUIDA": LA CONSTITUCIÓN DE UNA VOZ FEMENINA DEL VIAJE EN *Recuerdos de viaje* (1882) DE EDUARDA MANSILLA DE GARCÍA

El viaje, el desplazamiento geográfico de un sujeto humano por lugares frecuentemente ignotos –con diversos y posiblemente múltiples motivos como, por ejemplo, la embriaguez de la ventura, los imperativos del trabajo, las exigencias de la diplomacia internacional o el fervor de la peregrinación religiosa, entre muchos más– tiene, naturalmente, una larga tradición tanto en el mundo occidental como en el oriental. Su expresión en forma escrita –hay una clara relación entre el acto de viajar y la escritura de viajes (Hulme y Youngs 2)– remonta al mundo clásico si no antes, revelándose en una plétora de manifestaciones literarias originales que, desde la remota antigüedad hasta la más contemporánea actualidad, siguen cautivando a los lectores de un sinfín de culturas y sociedades debido, sin duda alguna, a un igual sinnúmero de razones.

La evolución histórica del género literario que discurre sobre el viaje y su minucia particular inicia su paulatino pero progresivo tránsito hacia la popularidad a medida que el público lector empieza

---

[1] Todas las citas de *Recuerdos de viaje* provienen de esta edición de la obra. Estas referencias textuales son de las páginas 17 y 35, respectivamente

a interesarse por la otredad de pueblos y culturas diversos que habitan los espacios más allá de sus propios límites geográfico-culturales. Aunque sirven como precursoras las narraciones de escritores viajeros como el veneciano Marco Polo –autor de *Il milione* o *El libro de las maravillas*, escrito entre 1298 y 1299– y el prosista marroquí Ibn Battuta –escritor de la *Rihla*, la narración de su deambular por el mundo árabe como peregrino a la Meca que data del siglo XIV– el género gana cada vez más renombre a partir de llegada de los primeros viajes relatados en forma escrita que versaban sobre los nuevos hallazgos maravillosos –y potenciales riquezas– de las tierras americanas. Es decir, desde el arribo de Colón al Caribe en su primer viaje al continente americano, las Américas se volvieron un destino llamativo para los viajeros europeos que, desde esta época en adelante, ha suscitado mucho interés en el público en general –tanto el lector, como el iletrado– que revivía las aventuras de los viajes ajenos por medio de los textos escritos o los relatos orales que se narraban de forma popular. De hecho, los primeros documentos que surgían del Nuevo Mundo eran, en realidad, las crónicas de viaje de los exploradores europeos (Whitehead 122). Estos textos primigenios, debido a su contenido y contexto, cautivaban al lectorado por un lujo de causas que distinguían a las Américas de los otros destinos de la época:

> ...the encounter with the Americas certainly stimulated a vast production of [...] literature and arguably made textual experience of the exotic a much more mundane occurrence. At the time of the discovery of the New World, the horizons of colonial Europe were also being expanded by travel to the east and south, but the unanticipated discoveries of Columbus provided a frison of mystery and a need for explanation. This was the basis not just for recurrent attempts to detail, catalogue, and locate the peoples, creatures, and geographies of the continents, but also for a particular sense of the possibility of encountering the marvellous, the novel, and the extreme. (Whitehead 122)

En Europa en particular, como señala George Schade, para los siglos XVIII y XIX los libros de viaje se convierten en un género de gran renombre (82).

Pero más adelante este interés en el viaje y en el "viaje escrito" en sí se debe –más allá del motivo económico casi siempre latente– a una profusión de pretextos particulares, algunos relacionados con el clima, y otros con la estética; o más aun, con el exotismo de las localidades conocidas por medio del desplazamiento a otras tierras:

> Escritores de países septentrionales sentían la atracción del cálido Mediterráneo: así, los ingleses y alemanes viajaban a Italia, Grecia, España y Turquía. Los rusos sentían el imán del Occidente y de su centro artístico en París. Los franceses también buscaban mundos exóticos, encontrándolos allende los Pirineos o en Norteamérica. Y muchos escribían sus recuerdos e impresiones...(Schade 82-83)

Con frecuencia, los escritores europeos se esparcían por un mundo cuya existencia era ya marginalmente conocida —aunque todavía relativamente incógnito, como rezaban los mapamundi de antaño [2]— y evocaban para un público lector ávido de novedades de sociedades, gentes y, por cierto, las "maravillas" de ultramar, sus aventuras de viajero a través del texto de viaje.

Sin embargo, estas crónicas de viaje —un compendio y registro de las peripecias geográficas, políticas, económicas, sociales y culturales de las "zonas de contacto" conocidas a través del viaje [3] – han sido desde los tiempos más remotos, una manifestación relacionada típicamente con los gestos masculinos, sean éstos "literarios" o no. Es un hecho que como miembros de un panteón predilecto de autores viajeros, el género de la literatura de viajes tradicionalmente les ha otorgado más relevancia a figuras como Homero, Colón, y von Humboldt que a las mujeres viajeras. En las obras de estos autores se narra, en realidad, el suceso "varonil", producto del viaje masculino de aventura, de exploración, o de gestión científica o comercial. A través de la lectura de los textos de estos autores, se "viaja" con un Odiseo extraviado o cautivo en el indómito Mediterráneo; en la cubierta de la Santa María, mientras su capitán avista una tierra desconocida; o, como Aimé Bonpland, al lado del científico alemán, acompañándolo por las asperezas de la cordillera andina con la finalidad de catalogar la antes desconocida naturaleza que hallaba. La presencia femenina en estos textos de viaje —que se presta para la objetificación sexual/sensual de lo exótico en muchos

---

2   En los mapas antiguos con frecuencia se escribía *terra incógnita* para describir las tierras no conocidas ya que se sospechaba su existencia, pero no se podía lograr detallar su relieve particular (cartográfico o cultural).

3   Según Mary Louise Pratt, una "zona de contacto" es un espacio social, creado o facilitado por medio del viaje que establece el contacto, "where disparate cultures meet, clash, and grapple with each other, often in highly asymmetrical relations of dominion and subordination" (4).

casos– aparece a guisa de adorno a un gesto pos-caballeresco de conquista [4].

No obstante, mientras el lector tradicional ha leído históricamente a los clásicos masculinos del género de viajes, las mujeres –lectoras también– no sólo han consumido este mismo producto cultural sino que también han contribuído con su propio tributo al género. De hecho, muchas escritoras –europeas inicialmente– agregaban su toque personal a la literatura de viajes con escritos sobre sus propios itinerarios y destinos, un hecho cada vez más acusado con la creciente proliferación de la escritura femenina a partir del siglo XIX. Este fenómeno no es sólo europeo, sin embargo. Un claro ejemplo de una respuesta escrita contestataria a las crónicas de viaje varoniles –y tal vez inconscientemente a la de su propio hermano, Lucio Victorio, autor de *Una excursión a los indios ranqueles*– es el caso de la literata argentina Eduarda Mansilla de García. En su obra *Recuerdos de viaje*, la autora ofrece una crónica de viaje, publicada en Buenos Aires en 1882, en la que relata los sucesos de la vida de la autora durante una estancia extendida en varias ciudades norteamericanas a comienzos de la Guerra de Secesión de aquel país [5]. Este texto, destinado principalmente al público lector porteño de la época de su publicación, constituye un notable pero casi desconocido hito dentro de la literatura argentina decimonónica y también dentro de la literatura de viajes femenina en Latinoamérica.

Dada la relevancia de Eduarda Mansilla en cuanto a la producción literaria argentina durante el siglo XIX y de la continua vigencia de su obra *Recuerdos de viaje* dentro de los amplios márgenes de la escritura de viajes en general –y de las crónicas de viaje femeninas en particular– quisiéramos, en este ensayo, examinar las raíces del género de viajes y su manifestación en manos de mujer en Latinoamérica, además de investigar el cruce entre la vida de Mansilla y su producción literaria, enfocando la génesis, la composición y el alcance de *Recuerdos de viaje*. Con esta finalidad en particular, creemos necesario poner en claro de qué manera interviene en el proceso de la constitución de la identidad de la mujer escritora que aparece en *Recuerdos de viaje* su én-

---

[4] Un ejemplo de este fenómeno es el de Hernán Cortés quien sólo menciona parentéticamente a su compañera y confidente, Doña Marina (la Malinche), llamándola en sus cartas de relación desde México su "lengua" debido a su función como intérprete para la expedición del conquistador. No se menciona en estos escritos que tuviera un hijo con ella Cortés, el cual sería uno de los primeros mestizos de la historia hispanoamericana, ni que se la diera como amante a sus oficiales subordinados luego de la conquista.

[5] Esta acción bélica se extiende desde 1861 hasta 1865.

fasis textual en la creación de una voz "viajera" particular –relacionada con la *causerie*, la amena charla tan común entre los intelectuales argentinos de la época finisecular– la cual discurre sobre no sólo los pormenores "domésticos" que encuentra en Estados Unidos, sino también los detalles de envergadura política relevantes que halla en aquel país. Esta división temática, argüimos, *re*significa la naturaleza no sólo de la identidad de la mujer viajera, sino también del texto de viaje femenino en sí.

La viajera y la literatura de viajes

El viajar, como hemos venido señalando, ha caracterizado la evolución humana desde los tiempos más remotos y la "escritura de viaje" –la composición de los archivos que caracterizan el desplazamiento humano por territorios extraños– no le ha ido en zaga en su función testimonial frente a los eventos acaecidos durante las migraciones –voluntarias o involuntarias– del ser humano. Sin embargo, en la historia humana se ha reconocido escasamente el hecho de que no sólo el hombre, sino también la mujer, han participado en el proceso del movimiento humano con itinerarios a la vez similares, pero con frecuencia distintos. Sólo por medio del movimiento feminista de las últimas décadas del siglo XX ha empezado a reconocer la crítica literaria el notable aporte femenino a la producción literaria relacionada con el viaje, a pesar de una abundante tradición en torno al tema y su popularidad entre el público lector [6].

El que el viaje haya sido con frecuencia una expresión más masculina responde a cierta realidad física tal vez ignorable. Como señala Susan Bassnett, "The essence of adventure lies in taking risks and exploring the unknown, so it is hardly surprising to find that early travel accounts tended for the most part to be written by men, who moved more freely in the public sphere" (225). No obstante, historiográficamente, el lector agudo apreciará que esta realidad no responde a un ab-

---

[6] Señala Susan Bassnett que "The feminist revival of the early 1970's had, as part of its intellectual agenda, a conscious revision of what was perceived as male-authored history. One strand in this process of rediscovery was an interest in women travellers [...] The first stages of the revival were therefore to make available works that had all but disappeared and to remind readers of the number of women travellers who had written about their journeys" (226). Desde luego, Bassnett habla de las autoras de habla inglesa principalmente. Aún queda por hacerse una "revisión" y "proceso de redescubrimiento" de los textos de viaje de viajeras hispanoamericanas más completos aunque la crítica actual en torno a esta temática representa un eslabón importante en el avance de ese proceso.

soluto, pues la fundación del género de la literatura de viajes cuenta con una presencia femenina desde casi sus inicios. Uno de los primeros textos de viaje reconocido es, pues, el de la monja europea Egeria, cuya obra *Itinerarium Egeriae* —escrita en forma epistolar durante una peregrinación a Jerusalén, se compone en base a las misivas que la autora dirigiera a sus hermanas espirituales desde los destinos remotos de la Tierra Santa— remonta al siglo IV. Es decir, desde sus orígenes ha habido un espacio tanto para el viaje femenino —con ciertas limitaciones físicas y sociales, pero también con innegables beneficios en ciertos casos— como para la escritura femenina del viaje, aunque es preciso reconocer que este espacio que las viajeras han aprovechado en numerosas instancias no siempre será el mismo que ocuparían sus coetáneos masculinos por diversas razones [7].

Aunque el desplazamiento femenino evoluciona lentamente durante los siglos posteriores al periplo de Egeria, entre los siglos XVII y XVIII el viaje femenino se convierte en un rito especial para las escritoras europeas más afortunadas quienes aprovechan la oportunidad que les brindaba su *status* social para emprender sus propios viajes —su *Grand Tour*, la raíz del fenómeno moderno que es el turismo (Buzard 37-52)— por el continente europeo [8]. En este sentido, se manifiesta un dato relevante para nuestra lectura del género de viajes: la tipología del viaje —y su escritura, tanto la masculina como la femenina— acusan la existencia de una relación cada vez más cercana e importante entre la clase social y el sujeto viajero a partir del crecimiento de las sociedades burguesas en Europa y Norteamérica. Los que podían darse el lujo de hacer tanto un viaje de negocios o una simple gira por Europa —por cualquier país, en realidad— formaban parte, comúnmente, de la alta burguesía nacional y manifestaban los valores de esa clase social. Se percibe, entonces, un creciente aburguesamiento en la literatura de viajes a partir de la evolución de las burguesías nacionales tanto en Europa como en otros países, y ello cambia tanto la expresión y la temática del género, como también la visión —*gaze*— del sujeto viajero escritor. El advenimiento del imperialismo europeo y del neoimperialismo norteamericano sólo enfatiza la expresión de estos valores sociales

---

[7] Como se verá más adelante, la crítica reciente ha analizado este fenómeno en el caso de la comparación entre los viajes a Estados Unidos de los argentinos Domingo Faustino Sarmiento y Eduarda Mansilla de García.

[8] El *Grand Tour* se aplica al itinerario de viaje de las élites europeas por un circuito semiestablecido del continente europeo entre el siglo XVII y los comienzos del siglo XIX. El objetivo del viaje para muchos era cimentar la formación cultural del viajero novato por medio del conocimiento de las culturas europeas y sus raíces antiguas. Para más información sobre este concepto, ver Buzard 37-52.

a una escala mayor: el escenario imperial internacional.

Con esta gradual presencia del fenómeno (neo)imperial en lugares cada vez más remotos –el imperio inglés en Africa, Asia, el Caribe y la India; las colonias francesas que se extendían sobre cuatro continentes; la creciente representación de Estados Unidos en diversos sitios alrededor del mundo– se amplían los límites del viaje en general, y del viaje femenino en particular [9]. Latinoamérica, debido al acceso cada vez más fácil por vía marítima al continente[10], también se vuelve un destino de interés para la escritora viajera europea, como se ve en el caso de las "exploratrices sociales" (Pratt 155) entre las cuales se incluyen la escocesa Maria Callcott Graham, autora de varias obras relacionadas con sus experiencias en Chile y Brasil[11], y la francesa Flora Tristan, abuela del pintor Paul Gauguin y autora de sus experiencias en el Perú, tituladas *Peregrinaciones de una paria* (1838), sin olvidar a la marquesa Frances Calderón de la Barca –escocesa de nacimiento y la esposa de don Angel Calderón de la Barca, el primer plenipotenciario español destinado a México después de la independencia mexicana– quien describe su estancia breve en aquel país en *Life in Mexico* (1843)[12]. Sus obras –lo que Mary Louise Pratt considera una respuesta a los textos masculinos que narran la exploración y la conquista de las Américas– ofrecen una "reinvención de América" (155-57); constituyen, pues, la cara inversa y contradiscursiva de los textos de viajes masculinos de la época que relatan las observaciones de la vanguardia capitalista europea y norteamericana en las Américas durante la expansión económica capitalista a nivel mundial durante el siglo XIX[13].

Curiosamente, el fenómeno del viaje femenino no es de un sólo

---

9 Aunque no representa una lista exhaustiva, algunas otras escritoras que describieron sus viajes y/o experiencias extraterritoriales en esta época son: Mary Eliza Bakewell Gaunt, Marianne North, Caroline Paine, Mary French Sheldon, Fanny Bullock Workman.

10 Para un análisis histórico del transporte de viajeros entre Europa y Latinoamérica, ver Spicer-Escalante "Ricardo Güiraldes's" 10-13.

11 Graham, además de escribir *Journal of a Residence in Chile during the Year 1822* (1823), y *A Voyage from Chile to Brazil in 1823* (1824) and *Journal of a Voyage to Brazil, and Residence There, During Part of the Years 1821, 1822, 1823* (1824), hizo las ilustraciones para sus publicaciones sobre estos países.

12 Otras escritoras que viajaron a Latinoamérica y escribieron sobre sus estadías allí son Julia Ward Howe (Cuba), Edith O'Shaughnessy (México) e Irene Aloha Wright (México, Cuba).

13 Observa Pratt, "Though often enough accompanied by women, the capitalist vanguardists scripted themselves into a wholly male, heroic world. The genderedness of its construction becomes clear when one examines writings by women travelers of the same period – women the vanguardists were *not* with" (155). En torno a las diferencias entre la escritura masculina y femenina de viajes, ella señala "In structuring their travel books, [...] the capitalist vanguardists often relied on the goal-directed, linear emplotment of conquest narrative" (157).

sentido, de Europa "hacia" el "Tercer Mundo" en general, o hacia las Américas en particular. En el caso de América latina, la viajera latinoamericana también participa del proceso de viajar y narrar sus experiencias vitales como viajera, como se ve en el caso de autoras como las cubanas Maria de las Mercedes Santa Cruz y Montalvo, conocida como la Condesa de Merlín (1789-1852); Gertrudis Gómez de Avellaneda (1814-1873); y Aurelia Castillo de Gonzalez (1842-1920)[14]. Estas escritoras y viajeras se destacan en particular por la naturaleza de sus viajes y relatos: ellas van *hacia* la Metrópoli – Europa– y crecientemente rumbo a la nueva Metrópoli en la época, Estados Unidos. Escriben tanto sobre el centro metropolitano como sobre su patria en sus textos, construyendo la base de la expresión del viaje femenino como también lo hace Eduarda Mansilla por medio de su crónica *Recuerdos de viaje*.

Eduarda Mansilla: autora, viajera y nómada

Durante el siglo XIX se divisa, en realidad, la expansión del fenómeno de extraterritorialidad y de la escritura sobre las experiencias extranacionales –que tanto había cautivado a los escritores viajeros europeos desde varios siglos antes– y los escritores viajeros latinoamericanos no se quedan atrás en su afán de recorrer tierras desconocidas y contar lo sucedido en sus aventuras:

> Hispanoamérica, que sirvió de blanco y materia prima de recuerdos de viajes en una multiplicidad de crónicas en prosa y también en verso durante la Colonia, ya en el siglo XIX se independiza. Los escritores hispanoamericanos, en especial durante la segunda mitad de la centuria, empiezan a viajar y narrar lo que ven en sus andanzas. (Schade 83)

Este fenómeno se ve plenamente en la primera generación de escritores argentinos –la generación de 1837– cuyos viajes, frecuentemente producto del exilio durante la época de Rosas, quedaron redactados en forma de libro de viajes. Tanto Sarmiento como Alberdi, por ejemplo, narraron sus andanzas por tierras ajenas para un público latinoamericano sediento del saber del viaje que estos próceres nacionales ofrecían en sus escritos [15].

---

14   Aunque no viajó a Europa como estas mujeres –o como Eduarda Mansilla– es preciso señalar a Juana Manuela Gorriti también como viajera. Para una comparación entre Gorriti y Mansilla, ver Batticuore "Itinerarios".

15   Sarmiento y Alberdi llevaron a cabo gestiones diplomáticas en Europa y/o Estados Unidos en nombre del gobierno argentino (y también chileno, en el caso de Sarmiento). Sus crónicas de viaje se recopilan luego en *Viajes* de Sarmiento y *Recuerdos de viaje* de Alberdi.

Muy pronto la generación literaria a la que pertenecía Eduarda Mansilla se vería también inmersa en las aguas profundas de esta experiencia, ya que los escritores que forman la generación argentina de 1880 eran casi todos viajeros: "Entre los países hispanoamericanos, Argentina se destaca por su rica y variada producción de libros de viajes en el período que abarca desde mediados del siglo XIX hasta bien entrado en el siglo XX" (Schade 84)[16]. Este hecho responde, ciertamente, al creciente progreso económico que se percibe en la Argentina finisecular –hasta la crisis de 1890– a medida que el positivismo, promovido por la *intelligentsia* local, se arraigaba en el seno de la nación y modificaba los términos del cambio internacional, haciendo que el país fuera blanco no sólo de una notable inmigración europea sino también se convirtiera en principal exportador de productos agrícolas en el mercado internacional[17]. Este progreso económico fomenta, asimismo, el crecimiento de una clase burguesa –que vivía con un nivel inusitado de ocio para el país y la época, lo cual permitía los viajes de lujo al exterior– y la manifestación de un aburguesamiento social en cuanto a los valores de la patria. Los hermanos Mansilla –Lucio Victorio (1831-1913), destacado militar y Eduarda (1838-1892), mujer letrada– constituyen un notable ejemplo de la burguesía viajera argentina de la época finisecular.

Cultos e intelectualmente formados los dos –además de ser los sobrinos de Juan Manuel de Rosas, el gobernador tiránico de la Provincia de Buenos Aires durante las primeras décadas de la época poscolonial

---

16 Para un examen parcial sobre la producción escrita en torno al viaje de la Generación del 80, ver Spicer-Escalante, "A Non-Imperial Eye/I" 54-56. Para una nomenclatura del viaje argentino, ver Viñas *Literatura* 149-184.

17 Observa Josefina Ludmer en *El cuerpo del delito* que la coalición cultural –léase *intelligentsia*– de la Argentina ochentista es "homogénea en los lugares comunes del liberalismo, el positivismo, el Club del Progreso, el Teatro Colón, la Recoleta y algunos carnavales" (26). Curiosamente, se le olvida mencionar que los miembros de esta coalición –figuras como Eugenio Cambaceres, Miguel Cané (h.), Lucio Vicente López, Lucio V. Mansilla, y Eduardo Wilde, por ejemplo– también coincidían en la crónica de viajes. En este género, algunos ejemplos del viaje narrado son: Eugenio Cambaceres, *Música sentimental* (1884); Miguel Cané, *En viaje* (1884); Lucio Vicente López, *Recuerdos de viaje* (1881); y Eduardo Wilde, *Prometeo & Cía* (1899); entre otros títulos periodísticos, etc. en que estos autores explayan sobre sus experiencias de viaje (como es el ejemplo de *Viajes y observaciones* de 1892 que escribe Wilde). Nos resulta aún más curioso el hecho de que no figura Eduarda Mansilla en ningún aspecto de su análisis de esta generación argentina de escritores, incluyendo los relatos de viaje. Es decir, aquí señala Ludmer –como tantos otros– a los integrantes "masculinos" principales de la generación argentina de 1880. Pero, como observa Bonnie Frederick, hay mujeres que debido a su posición social o por el dominio masculino de los medios de prensa/imprenta, no podían llevar a fruición la escritura como medio profesional de vida ("Introducción" 9-10). Para una lista completa de las autoras que compartían las lindes cronológicas con los hombres de la generación del 80, ver Frederick, "Introducción" 9-10.

argentina– los Mansilla compartían una afinidad más allá de la mera hermandad: viajeros experimentados los dos, tanto Lucio como Eduarda también dejaron obras escritas que son ejemplos claros y valiosos del género de viajes.

El primero de los hermanos en publicar sus crónicas de viaje es Lucio Victorio, conocido como autor principalmente por *Una excursión a los indios ranqueles*[18], una obra clásica de la literatura argentina decimonónica, publicada por entregas en el diario porteño "La Tribuna" en 1870 y en forma de libro después. No obstante, para la fecha de publicación de esta crónica que narra su experiencia entre los indígenas ranqueles de la frontera argentina, el autor ya tenía una experiencia viajera de casi dos décadas. Su primer viaje internacional lo había efectuado cuando era menor de veintiún años de edad. En aquella ocasión, llevó a cabo el papel de agente comercial de su padre en un verdadero periplo para los tiempos: un viaje desde Buenos Aires hasta la India, itinerario que lo llevaría a conocer, de paso, otros países: Egipto, Turquía, Italia, Francia e Inglaterra. El testimonio escrito de la travesía –*De Adén a Suez*– se publica en Buenos Aires en 1854. Su vida posterior se convierte en una larga serie de viajes –intra y extranacionales– en los que representaba a la Argentina en misiones diplomáticas o comerciales, o en los se desplazaba por el simple motivo de disfrutar del ocio como epicúreo que caracterizaba a su clase social. De estas vivencias resultaron otros textos, incluyendo *Entre-nos: causeries de un jueves* (1889) donde figura el viaje como una manifestación de los gustos del autor. No resulta extraño que la muerte lo haya encontrado en París, donde se había radicado a partir de 1906, pues el título de viajero le correspondía plenamente.

El caso particular de Eduarda Mansilla –mientras compartía muchas experiencias comunes con su hermano, además de la experiencia misma del viaje[19]– demuestra la distinción fraternal entre Lucio y Eduarda la cual se debe, en cierto sentido, a la naturaleza de sus viajes. Como bien señala Bonnie Frederick, "Lucio es un viajero, un hombre que deja su casa atrás en Buenos Aires; Eduarda es una nómada, lleva su casa consigo" ("Nómada" 249). Esta disparidad subraya la oposición principal –pues hay otros (Frederick, "Nómada"

---

18   No ignoramos el notable aporte general a la literatura argentina decimonónica de Mansilla aquí, pues es autor de varios libros importantes. Quisiéramos enfocar simplemente lo más relevante de su contribución al género de viajes, la temática particular de este estudio.

19   Bonnie Frederick señala lo que llama la "zona compartida ...[de] experiencias vitales que tienen en común la mujer y el hombre" (247) y observa que para los hermanos Mansilla éstas incluyen la familia, la educación, la clase socioeconómica, las opiniones políticas, los intereses personales, los viajes a París, etc. ("Nómada" 247).

246-251)– entre sus experiencias: mientras Lucio V. Mansilla viajaba por razones diplomáticas, comerciales o personales, Eduarda era madre y ama de casa; acompañaba a su marido Manuel García –menos en los últimos años de vida, ya separada de su marido y radicada sola en Buenos Aires– a los distintos puestos diplomáticos a los que lo destinaban en Europa y Estados Unidos. Aunque Eduarda gozaba como "persona distinguida", como ella misma señala en *Recuerdos*, de los beneficios de ciertos aspectos de este tipo de desplazamiento –conocía personas, pueblos, ciudades y culturas nuevas e importantes– su función principal al llegar a un nuevo destino era montar una casa y ocuparse de los hijos y sus sirvientes, no preocuparse por la diplomacia internacional, los intereses comerciales o la oferta cultural de la localidad con sus manjares comestibles más destacados, como un epicúreo. Es decir, Eduarda disfrutaba de muchos de estos elementos del viaje por virtud del matrimonio, pero no es agente de su propia voluntad, en realidad. Ella es acompañante, no un agente social plenamente libre, capaz de desplazarse independientemente por el mundo como los hombres en general y su hermano en particular[20]. Como señala María Rosa Lojo, este hecho revela la existencia de "una inevitable 'perspectiva de género'" ("Mansilla" 15) entre la visión "viajera" de Lucio y la visión "nómada" de los Eduarda. Esta diferencia modifica notablemente los parámetros de la experiencia del viaje, aunque por medio del texto literario se lijan las asperezas genéricas bastante, y Eduarda ocupa su propio lugar en el mundo–de la escritura. Este detalle delata otra afinidad entre los hermanos: su tendencia hacia la "charla" textual y la relevancia de ello en la elaboración de sus escritos.

Recuerdos de viaje: LA CAUSERIE Y LA VOZ FEMENINA DEL VIAJE

Para la época de la publicación de *Recuerdos de viaje* –1882, lo cual implica que Eduarda antecede a casi todos sus contemporáneos masculinos de la generación del 80 en la publicación de su crónica de viajes[21]– Eduarda Mansilla ya era, en realidad, una persona conocida entre los círculos culturales porteños desde hacía más de dos décadas.

---

20 Este hecho tal vez explica la casi absoluta falta de mención de su marido en *Recuerdos*, menos en un par de referencias parentéticas al ministro.
21 Ver nota 17 para las fechas de publicación respectivas.

Hija del general Lucio Norberto Mansilla y de Agustina Ortiz de Rozas –la hermana menor del caudillo Juan Manuel de Rosas– Mansilla nació en la capital argentina en 1838. Desde joven tenía un deseo de conocer culturas ajenas a la suya y se la consideraba políglota por su inclinación hacia el aprendizaje de otras lenguas, un anticipo de lo que será el papel de mediadora cultural que ocupará durante sus muchos viajes al exterior (Lojo, "Eduarda" 47; Batticuore, "Menores" 365). En cuanto a su dedicación a la escritura, ésta se manifiesta desde una edad joven en una pluralidad de géneros[22]. En cuanto al periodismo, publicó artículos de variada temática en *La Flor del Aire*, *El Alba*, *El Plata Ilustrado*, *La Ondina del Plata*, *La Gaceta Musical*, y *El Nacional*. Sus novelas *El médico de San Luis*, y *Lucía Miranda*, *novela histórica* aparecieron como folletines en *La Tribuna*, aunque ambas obras se publicaron bajo el pseudónimo "Daniel", el nombre de un futuro hijo suyo. También publica una novela en francés titulada *Pablo ou la vie dans les Pampas* –muestra del nivel lingüístico de la autora en esa lengua– que sale a la luz primero en la revista *L'Ariste* en París en 1869, publicada en forma de libro posteriomente por la librería Hachette. Cultivó también el teatro y compuso música, además de la literatura infantil, siendo precursora argentina en esa materia con la publicación del libro de cuentos infantiles *Creaciones* en 1883[23]. Todo indica que su obra escrita –que abarca todos los géneros señalados– recibió elogios no sólo del público lector porteño, sino también de los editores argentinos (Sosa de Newton 89), una importante medida de su ingreso a los círculos editoriales más cerrados.

A primera vista, parecería que las divergencias entre la obra de los dos hermanos primarían en un cotejo cuidadoso. No obstante, a pesar de las aparentes bifurcaciones entre la producción cultural de los hermanos Mansilla –Lucio, tan adicto al ensayo corto de temática personal, como *causeur*; Eduarda, aparentemente inmersa en una época en la escritura de novelas sentimentales y en otra, en los cuentos infantiles– regresamos a la temática que apasiona a ambos: el viaje y su narración. Esta coyuntura temática nos lleva a un elemento tan importante en la cultura de la época en qu escribían: la *causerie*, un medio

---

[22] La mayoría de la información biográfica expuesta aquí proviene de "Eduarda Mansilla" de María Rosa Lojo y "Eduarda Mansilla de García, mujer de letras" de Beatriz Bosch.

[23] Graciela Batticuore observa que "En 1880 con tres novelas en su haber y otros escritos que la consagran en su país y en el extranjero, Eduarda Mansilla publica en Buenos Aires un volumen de *Cuentos* dedicados al público infantil" ("Menores" 365).

expresivo que cultivaba con afición Lucio, pero que hasta ahora no ha sido señalado como componente de la producción escrita de Eduarda Mansilla. El objetivo nuestro aquí es señalar cómo Eduarda recurre a esta forma de expresión en *Recuerdos de viaje*, lo cual muestra otra faz de su escritura y nos permite identificar la relevancia de la voz de "viajera" que establece la autora por medio de su texto de viaje[24].

Una rápida ojeada al concepto de la *causerie* delata inmediatamente al conversador: el que dialoga –o, más bien "monologa"– sobre la política, la cultura, la sociedad, las nimiedades de la vida; pero con un humor subjetivo, agudo, de gran cultura mundana. Esta entretenida charla asume –en su forma escrita– la existencia de un interlocutor implícito de igual –o casi pareja– formación intelectual como para poder comprender la profundidad de las alusiones culturales y para captar la agudeza del humor exhibido[25]. En el caso particular de *Recuerdos de viaje*, la autora se apropia de este discurso aceptado por el público lector entre los hombres de su época, y presupone una suerte de "charla" con iguales –como los amigos con los que conversaría; todos cultos, viajeros también, seguramente. Medita, reflexiona y opina, pues, sobre una gran variedad de temas de interés para los miembros de su misma condición social. La temática de la disertación de Eduarda Mansilla en la obra se relaciona, entonces, no sólo con las experiencias comunes para todo viajero, sino también con los detalles de tanto la esfera doméstica –el espacio tradicionalmente dedicado al género femenino en el siglo XIX latinoamericano[26]– y el ámbito "exterior" que comúnmente ha sido considerado genéricamente un resquicio masculino. Con esta división, cumple Mansilla, en realidad, con una doble expectativa: cautiva tanto el interés del público femenino como el masculino, matando dos metafóricos pájaros con un solo tiro editorial, justo como haría en su salón durante una picada tertulia dominical.

Como señala David Viñas en *De Sarmiento a Dios: viajeros argentinos a USA*, en su acercamiento a la cultura norteamericana "Eduarda va contando su *aprendizaje norteamericano* con matices y sus previsibles pero severas contradicciones" (53). La autora avanza, pues, en un "paso a paso cauteloso donde practica miramientos, vigilias, reservas y, brus-

---

24 Por cierto, no es la primera en comentar una estancia en Estados Unidos –Sarmiento ya lo había hecho– aunque sí la primera autora en hacerlo.
25 En este sentido, no se aleja el *causeur* tanto del *flâneur*, el "vago" o el "rastacuero" que aparece tanto en la literatura argentina finisecular y que "chusmea" libremente, sabiendo exactamente quiénes son sus interlocutores (lectores).
26 Para un análisis de la noción de los espacios y su relación con el género en Hispanoameerica durante el siglo XIX, ver Catherine Davies, 27-39.

camente, desquites y réplicas certeras" (53)[27]. Mansilla inicia su "charla" con una detallada descripción –desde lejos de las costas norteamericanas– de las peripecias de la vida de a bordo de un barco transatlántico. Según ella, sea inglesa o francesa la nave, esta vida como viajera náutica es única. Pero distingue, como *connaisseure*, que hay una diferencia entre las empresas marítimas: culta y experimentada, cualidades que enfatizan la autoridad de su narración, prefiere a los franceses, pues se come mejor y el trato personal por parte de la tripulación no tiene comparación con las compañías británicas. Este deslizamiento paulatino hacia Nueva York prepara la escena de su arribo a Estados Unidos donde continúa su retrato de la experiencia viajera con el dibujo de las circunstancias que rodean su desembarco en la creciente metrópolis estadounidense: babilónica confusión de lenguas, frustración comunicativa, bagaje, transporte local, hoteles, comedores de hotel y su oferta comestible, además de la atención de los meseros negros a los huéspedes, que a veces pasan toda una vida hospedados en un mismo hotel. Estas referencias, como todos los referentes al viaje en sí, apelan a un público variado: tanto a los viajeros experimentados –independientemente de su sexo, reviven la nostalgia de la excursión a través de la narración de Mansilla– como a los viajeros novatos que aún no se han subido a un transatlántico para ver la vida allende el mar, para quienes las descripciones sirven de aviso –y toma de conciencia– de lo que les espera en altamar y al llegar al destino desconocido. Pero un detalle en particular sobresale en cuanto a su persona como protagonista de su obra: su pasaporte diplomático la exime del chequeo de aduana. El simple gesto sirve de metáfora de su privilegio y de su posición social. Su *status* se manifiesta y ayuda cada vez más a crear la autoridad necesaria para que se la tome en serio a ella, como "viajera distinguida", y a su obra, a la par de sus contemporáneos masculinos.

En cuanto a la esfera "doméstica", la autora trae a colación sus observaciones sobre los pormenores de la vida femenina íntima en Estados Unidos durante la época de su estancia en aquel país (los años 1861-1862, aproximadamente)[28]. En este sentido, su género es un beneficio, pues logra penetrar espacios típicamente vedados al hombre y recorrer los pasillos de la casa estadounidense, conociendo –y describiendo– los baños, vestidores, alcobas y *boudoirs* de las damas nortea-

---

27   Lojo no concuerda con la aseveración de Viñas. Señala que "la escritora no llega a Estados Unidos, ni en plan de turista irónico y curioso (el viaje del dandy escritor, al estilo de su hermano Lucio, o su amigo Eduardo Wilde), ni tampoco en «viaje de aprendizaje», como lo hizo Sarmiento, en busca de las formas posibles de una mejor organización política y educativa" ("Mansilla" 15).

mericanas para su público lector argentino. Este acceso, tal vez inaudito en la Francia o la Argentina de la época, le permite comentar –con cierta profundidad y agudeza, ora hirientes, censuradoras e irónicas, ora elogiosas y encomiásticas– su *toilette*, su condición de vida, sus formas de pensar y comportarse –incluyendo su forma de coqueteo, su *flirt*–, sus relaciones íntimas con el sexo opuesto y sus expectativas ante el matrimonio y el divorcio [29]. Esta visión "interior" también le permite polemizar en torno a su propio país –siempre latente, atrás, en las sombras en *Recuerdos*– para criticar la existencia de dos esferas de existencia que dividen a los sexos. Al hacer hincapié la autora en el tema del futuro laboral "fuera" del ámbito doméstico de la mujer estadounidense –las mujeres ya trabajan como periodistas en Estados Unidos en 1860, por ejemplo– traza una condena implícita y explícita del medio laboral periodístico argentino, no de fácil ingreso para la mujer todavía en los años de la escritura de *Recuerdos* (principios de la década del 80) [30].

En su caracterización de la esfera "exterior" –relacionada, en teoría, con lo masculino, varonil, aunque el tema laboral de la mujer en Estados Unidos franquea en cierto sentido el abismo genérico– tampoco se queda atrás la autora. Mansilla discurre libre e inteligentemente, aunque con frecuencia sin los ambajes de la delicadeza, sobre la historia y la geografía de Estados Unidos, sus figuras políticas y culturales más destacadas, su arquitectura y su modernidad, sus propios asuntos bélicos –la guerra "intestina" y fratricida entre la Unión y el Sur– además de sus nociones sobre el progreso, el trabajo –"*Time is money*", repite la autora–, el buen gobierno y los peligros ético-morales de la "esclavatura". Pero otra vez se asoma la Argentina lejana, implícita, que según Sarmiento, debía emular la creciente nación estadounidense: el gobierno de aquel país, observa, no ha tratado dignamente al hombre indígena – los "Pieles Rojas". ¿Eco, tal vez, de los gritos en torno a la "Guerra del Desierto" de 1879 la que llevó a cabo

---

28   Aunque la autora señala que la obra constituye un primer tomo de más de uno, no se registra la existencia de un segundo –u otro– tomo, a pesar del hecho de que vivió otra temporada en Estados Unidos cuando su marido reemplaza a Sarmiento como embajador argentino ante el gobierno estadounidense.

29   Como sugerimos antes en torno a Sarmiento y Mansilla, ante la falta de libertad de movimiento de la viajera hispanoamericana en el siglo XIX, vemos que el género –en este caso– sirve para abrir puertas, no cerrarlas.

30   Esta temática demuestra lo que Claudia Torre señala como la dualidad del texto –hermético– de viajes de Mansilla. Este es "[e]scritura atrapada [...] entre dos tiempos. Por un lado: el recuerdo, la referencia, lo pasado (1860), y por el otro: el actual, tiempo de la alocución, tiempo presente del acto de escribir" (377).

el general Julio Argentino Roca, el presidente en la época de la escritura de *Recuerdos*, o acaso una reminiscencia del mensaje de la *Excursión* de su hermano, de incorporar al indígena argentino al proceso civilizador de la nación argentina? La incógnita que plantea su mención de la causa indígena de Estados Unidos demuestra la forma desembarazada y consciente en que Mansilla reflexiona sobre la intersección entre el "dominio público" de la nación estadounidense y su propia patria.

* * *

Por medio del detallado inventario cultural de su primer viaje a Estados Unidos –una suerte de radiografía de la vida íntima del país en las esferas supuestamente tradicionales de "acción" social de esa nación– Eduarda Mansilla de García ofrece lo que ninguna escritora argentina había hecho antes de la época y que tampoco hizo posteriormente: recrear para un público lector lejano pero interesado un imaginario de Estados Unidos durante un momento decisivo de su devenir nacional (Urraca). En este sentido, su obra es tal vez la más representativa de las pocas visiones de viajeros a ese país durante el siglo XIX, pues su *gaze* recae sobre una temática más amplia que los demás viajeros – Sarmiento, por ejemplo– mostrando a su vez la notable penetración intelectual –y la erudición– de la autora.

La penetración de esta incursión textual en asuntos sobre los que no sólo comprende sino que sabe que tiene derecho a comentar –como el *causeur* que comenta con autoridad lo que ve e interpreta– afirma su calidad de testigo de los eventos que narra personalmente o que cita por medio de las referencias bibliográficas que dan fe de su amplia formación como lectora, dando un aire de autoridad en torno a sus conocimientos como "viajera" (Frederick, "Nómada" 247; Batticuore "Itinerarios" 176). "Charla", pues, con sus contertulianos implícitos –sus lectores– cultivando una voz del viaje femenina a la misma altura del hombre viajero "dandy" que comenta las particularidades de sus andanzas bajo la etiqueta de *causeries*, como su hermano Lucio Victorio.

Así Eduarda Mansilla de García se torna una "voz autorizada" –y *causeuse*, si se permite– que se dirige a sus contertulianos-lectores en su salón de tertulia cotidiana. De esta forma, logra no sólo ayudar a componer el "cuerpo" de la identidad de la mujer escritora y viajera hispanoamericana, sino también el *corpus* de la literatura de viajes femenina del continente.

J.P. Spicer-Escalante*
Utah State University

*Juan Pablo Spicer-Escalante, Profesor de Literatura Hispanoamericana en Utah State University (E.E.U.U.), recibió su licenciatura en Ciencias Económicas de Kansas State University (1987), y la maestría y el doctorado, con una concentración en literatura hispanoamericana, de la University of Illinois, Urbana-Champaign (E.E.U.U.) en 1992 y 1999, respectivamente. Su investigación se centra en la literatura latinoamericana del siglo XIX y de comienzos del siglo XX en general, y en la literatura argentina de esa época en particular. Ha publicado ensayos sobre el naturalismo latinoamericano, la generación argentina de 1880, y la literatura de viajes de escritores argentinos, como el novelista Eugenio Cambaceres, y el autor cosmopolita argentino, Ricardo Güiraldes. Es autor de *Visiones patológicas nacionales: Lucio Vicente López, Eugenio Cambaceres y Julián Martel ante la distopía argentina finisecular*, (Gaithersburg, MD: Ediciones Hispamérica, 2006). Ha publicado una edición de la novela naturalista *Sin Rumbo* de Eugenio Cambaceres (Buenos Aires: StockCero, Inc., 2005) y es fundador y co-director de *Decimonónica, Revista de producción cultural hispánica decimonónica*, que se especializa en la producción cultural del mundo hispano decimonónico. Es miembro del consejo editorial de *Excavatio*, una revista académica que enfoca el naturalismo literario internacional y miembro del consejo asesor de StockCero, Inc.

Obras Citadas

Bassnett, Susan. "Travel Writing and Gender". *The Cambridge Companion to Travel Writing*. Cambridge: Cambridge University Press, 2002: 225-241.

Batticuore, Graciela. "Itinerarios culturales: dos modelos de mujer intelectual en la Argentina del siglo XIX. *Revista de crítica literaria latinoamericana* año XXII, no. 43-44 (1996): 163-180.

_____. "Los menores del género". *Revista interamericana de bibliografía* vol. XLV, no. 3 (1995): 365-372.

Bosch, Beatriz. "Eduarda Mansilla de García, mujer de letras". *Letras de Buenos Aires* año 15, no. 32 (octubre 1995): 17-23.

Buzard, James. "The Grand Tour and after (1660-1840)". *The Cambridge Companion to Travel Writing*. Cambridge: Cambridge University Press, 2002: 37-52.

Davies, Catherine. "Spanish-American Interiors: Metaphors, Gender and Modernity", *Romance Studies* vol. 22 (1): 27-39.

Frederick, Bonnie. Introducción. *La pluma y la aguja: las escritoras de la Generación del 80*. Buenos Aires: Feminaria Editora, 1993: 9-18.

_____. "El viajero y la nómada: los recuerdos de viaje de Eduarda y Lucio Mansilla". *Mujeres y cultura en la Argentina del siglo XIX*, Lea Fletcher, comp. Buenos Aires: Feminaria Editora, 1994: 246-251.

Hulme, Peter y Tim Youngs. Introducción. *The Cambridge Companion to Travel Writing*. Cambridge: Cambridge University Press, 2002: 1-13

Lojo, María Rosa. "Eduarda Mansilla". *Cuadernos hispanoamericanos* 639 (septiembre 2003): 47-59.

———. "Eduarda Mansilla: entre la «barbarie» *yankee* y la utopía de la mujer profesional". *Gramma* (septiembre 2003): 14-25.

Ludmer, Josefina. *El cuerpo del delito*. Buenos Aires: Libros Perfil, 1999.

Pratt, Mary Louise. *Imperial Eyes: Travel Writing and Transculturation*. Londres: Routledge, 1992.

Schade, George. "Los viajeros argentinos del ochenta". *Texto Crítico* 10 (28) (enero-abril 1984): 82-103.

Sosa de Newton, Lily. "Eduarda Mansilla de García: narradora, periodista, música, y primera autora de literatura infantil". *Mujeres y cultura en la Argentina del siglo XIX*, Lea Fletcher, comp. Buenos Aires: Feminaria Editora, 1994: 87-95.

Spicer-Escalante, J.P. "A Non-Imperial Eye/I: Europe as Contact Zone in Eugenio Cambaceres's *Música sentimental*". *Brújula* 3.1 (2004): 53-68.

———. "Ricardo Güiraldes's *Américas*: Reappropriation and Reacculturation in *Xaimaca* (1923)". *Studies in Travel Writing* 7 (2003): 9-28.

Torre, Claudia. "Eduarda Mansilla (1838-1892): viaje y escritura. La frivolidad como estrategia". *Revista interamericana de bibliografía* vol. XLV, no. 3 (1995): 373-380.

Urraca, Beatriz. "Quien a Yankeeland se encamina...": The United States and Nineteenth-Century Argentine Imagination". *Ciberletras* 2 (enero 2000). Consultado: 8 de marzo, 2006.

Viñas, David. *De Sarmiento a Dios: viajeros argentinos a USA*. Buenos Aires: Sudamericana, 1998.

———. *Literatura argentina y realidad política*. Buenos Aires: EUDEBA, 1972.

Whitehead, Neil. "South America/Amazonia: the forest of marvels". *The Cambridge Companion to Travel Writing*. Cambridge: Cambridge University Press, 2002: 122-138

Recuerdos de viaje

Por

Eduarda Mansilla García

Recordar es vivir
Bermúdez de Castro

Tomo Primero

Buenos Aires,
Imprenta de Juan A. Alsina, México, 635
1882

Barbosa:

En tanto VIAJA Vd. de un extremo á otro de la ciudad, para aliviar á los que sufren, lea á su amiga.

Vd. es uno de aquellos que más me ha impulsado á escribir Mis Recuerdos De Viaje; es justo, pues, que este primer tomo, le sea dedicado.

E. M. DE G.

Preliminares

Hacer la travesía desde el Havre á Nueva York en la Compañía Trasatlántica Francesa, ó embarcarse en un vapor[1] del *Cunard Line*[2], en Liverpool, no es exactamente lo mismo como agrado, si bien ambos medios de cruzar el Océano, pueden emplearse indistintamente, con la seguridad de llegar á buen puerto, en doce ó trece dias, salvo los inconvenientes ó accidentes naturales de la ruta.

Las nieblas y *lurtes*[3], compañeros inevitables del verano, y los vientos bravíos é incesantes, que sin piedad exasperan las aguas del Atlántico en los meses del invierno, hacen que el viaje sea siempre penoso é igualmente inseguro, en una ú otra estacion. Pero dado no ser posible evitar, que el deshielo del Polo, acarree esas masas colosales, que cortan un buque de parte á parte, con sólo chocarlo; y siendo del mismo modo imposible calmar en el invierno, el desencadenamiento de ciertos vientos reinantes en aquellas regiones, creo preferible afrontar los *ice-*

---

1   *Vapor*: barco propulsado mediante vapor, con cubierta que, por su tamaño, solidez y fuerza, es adecuado para navegaciones o empresas marítimas de importancia.
2   *Cunard line*: compañía de transporte marino fundada en 1838 por el magnate canadiense Samuel Cunard.
3   *Lurte*: masa de nieve que suele desprenderse de las cumbres, alud; (fig.) masa de hielo flotante que se desprende de un glaciar en altamar.

bergs y las nieblas, evitando de esa suerte, el más desapiadado[4] enemigo del viajero por agua: el mareo. Durante el verano, el mar está relativamente tranquilo, y la cuestion travesía, presenta otra faz, bajo el punto de vista del *comfort* y amenidad del viaje.

En la Línea Francesa, se come admirablemente, detalle de sumo interés, para el viajero que no se marea; y en la buena estacion las excepciones son escasas, salvo, durante los dos ó tres primeros dias. El servicio es inmejorable, y la sociedad cosmopolita que por esos vapores viaja, parece como impregnada de la amenidad y agrado de las costumbres francesas, reinando además aquel grato *laisser aller*[5] que crea la vida de abordo.

En los vapores ingleses, se come mal, es decir, á la inglesa; todo es allí insípido[6], exento del atractivo de forma y de fondo, que tanto realce[7] da á la comida francesa. El vino brilla por su ausencia, eleva la suma de los *extra* á proporciones colosales é impone al viajero, la enojosa tarea de calcular sus gastos, en esas horas crueles de la vida de abordo, en las cuales toda la sensibilidad parece concentrada en el estómago.

Por lo general, en la Línea Inglesa, no se encuentra sino Ingleses; pues, los Europeos del Continente, no atraviesan por gusto el temido Canal de la Mancha[8], para ir á embarcarse exprofeso[9] en Liverpool, teniendo, como tienen, la perspectiva de un viaje de mar de tantos dias: esto, además de otros inconvenientes, recargaría con exceso su *budget*.

París es más tentador; y el ferro–carril del Havre, que atraviesa la pintoresca Normandia[10], en sólo tres horas, ofrece muchos encantos, que llamaré preliminares á la gran travesía trasatlántica.

El Domingo, en los paquetes ingleses, hay casi siempre un *service*, en el gran comedor, pues rara vez falta abordo el *clergyman touriste* ó inmigrante. En ese dia cae sobre los desdichados pasajeros, la pesada capa de fastidio, que cubre infaliblemente las ciudades protestantes, *on sabath day*.

Enmudece el piano, todos hablan en voz baja, y se diria que, hasta el monótono ruido de la hélice, es ménos marcado y nervioso los Domingos.

---

4 *Desapiadado*: [sic] despiadado, sin piedad.
5 *Laisser aller*: (fr.) dejar ir.
6 *Insípido*: sin sabor.
7 *Realce*: adorno.
8 *Canal de la Mancha*: brazo del mar formado por el Atlántico que separa Francia de Inglaterra; "English Channel".
9 *Ex Profeso*: (lat.) intencionalmente.
10 *Normandía*: provincia del noroeste de Francia.

En cambio, la disciplina, propiamente dicha, de la Línea Británica, se efectúa siempre con suma regularidad y reserva. Los pasajeros no tienen contacto alguno con la oficialidad del buque[11], que parece extraña, á lo que llamaré la parte comercial de la Compañía.

El capitan, es un hombre místio, silencioso, casi siempre vulgar, que al pié de la letra, observa su exclusiva mision de conducir el buque. Los pasajeros no le conocen ni de vista; su asiento en la cabecera de la mesa, permanece siempre vacío.

Si hay mal tiempo, nadie sabe lo que ocurre, nadie se atreve á preguntar *qué sucede*, á esas sombras silenciosas y graves, que cruzan de un lado á otro, como autómatas[12] de la disciplina.

El agrio sonido de la bocina, rompe la espesa bruma, que como tupido crespon[13] envuelve al buque; una sensacion dolorosa se produce y los latidos del corazon más valeroso se aceleran. El lamento de la bocina recuerda sin cesar á los viajeros la inminencia del peligro. En aquella oscuridad, que, ni siquiera permite ver los objetos mas cercanos, el encuentro con otro buque, es no sólo un peligro: es la muerte.

Ayax[14], el héroe griego, que no temia ni á los mortales ni á los dioses, tembló en la oscuridad é imploró á Venus[15], pidiéndole *luz! luz!*

Qué extraño es, que el horror se apodere del espíritu de los viajeros, durante esos cuatro terribles dias, en los cuales no se apagan un instante las odiosas lámparas de aceite, que dan un tinte funerario á la pardusca[16] luz del dia! Desgraciadamente, el enemigo silencioso y frio, que el Polo envia por las aguas del Atlántico á la frágil nave[17], no se anuncia, ni por el agrio son de la bocina, ni éste conmueve la helada superficie de la gigantesca mole. De improviso, la atmósfera que rodea al vapor se enfria de tal suerte, que el termómetro baja repentinamente, de 18 á 7 grados. ¡Felices aquellos que ignoran lo que tal transicion significa! El helado monstruo está cercano, y Dios sólo puede desviarlo en su terrible marcha. En el mar no hay escépticos.

Pasó el peligro: el sol rompe la bruma, la temperatura se dulcifica, y sobre las azuladas olas vése á lo léjos flotar la blanca diamantina masa

---

11 *Buque*: barco.
12 *Autómata*: máquina que imita la figura y los movimientos de un ser animado.
13 *Crespón*: tela negra que se usa en señal de luto.
14 *Ayax*: mítico guerrero griego, hijo del rey de Salamina, considerado el más fuerte después de su primo Aquiles, quien se embarcó a la Guerra de Troya al mando de doce navíos.
15 *Venus*: diosa de la belleza en la mitología latina identificada con Afrodita en la mitología griega.
16 *Pardusco*: oscuro.
17 *Nave*: barco.

que refleja el iris. La luz, la alegría y la tranquilidad reinan por todos lados; el marino, como el viajero, siente ensanchársele el corazon, y el buen humor reaparece.

En los paquetes franceses, el comandante, que es siempre *charmant, homme du monde*[18], preside su mesa, y al terminarse las comidas, ofrece galantemente el brazo á una dama.

Los pasajeros conocen á los oficiales, están al corriente de los más insignificantes detalles de la marcha; todo lo preguntan, lo investigan ó adivinan. Si por desgracia el viento arrecia, la mar se encrespa y comienzan esos vaivenes furiosos, que sacan de quicio los objetos inanimados y desnivelan el espíritu humano, poniéndolo á prueba, óyense frases misteriosas, que hacen estremecer[19] de pavor á los más valientes. ‹‹Los marineros se niegan á ejecutar la maniobra, el comandante está desesperado; y si el mal tiempo continúa, tendrán los oficiales que echar ellos mismos mano á los cabos.››

Un noticioso agrega: ‹‹El comisario está dado al diablo, y acaba de encerrarse en su camarote.››

El comisario[20], (ese tipo del hombre galante en los paquetes franceses) representa á la Compañía, ó sea la parte comercial. Casi siempre existe entre éste y el comandante rivalidad encubierta, lucha de autoridad que da á sus relaciones tirantez[21] y frialdad.

Pero, ¡cuánta anchura, cuánta abundancia, para ofrecer á discrecion, hielo, leche, frutas, en la serie de comidas que con diversos nombres se sirven en los paquetes franceses! Qué profusion de vino excelente y grátis; ese vino sabroso que recuerda el suelo de la bella, la rica Francia, tierra favorita de la uva!

A mi entender, pudiera reducirse á una simple ecuacion, la muy grave cuestion de escoger una ú otra Línea para cruzar el Océano.

Viajar con los Franceses es más agradable en verano; pero, lo es más seguro en invierno con los Ingleses.

Y aquí, para no ser ingrata ni olvidadiza con una nacion que tanto quiero, diré, que personalmente, yo prefiero hasta naufragar[22] con los Franceses. Pero, en mi calidad de viajera, que escribe con la mira honrada de dar luz á los que no la tienen, creo de mi deber consignar

---

18   *Charmant, homme du monde*: (fr.) encantador, hombre de mundo.
19   *Estremecer*: temblar con movimiento agitado y repentino.
20   *Comisario*: persona que tiene poder y facultad para ejecutar órdenes o entender en algún negocio, sujeta al comandante de una embarcación.
21   *Tirantez*: estado de relaciones tenso.
22   *Naufragar*: irse a pique o perderse un barco.

en estas páginas, lo que he oido repetir á tantos famosos *touristes*. Pues en ciertas materias, forzoso es contar los votos, por más amigo que uno sea de pesarlos. Además, quien á *Yankeeland* se encamina, tiene por fuerza que democratizar su pensamiento. Con lo expuesto, queda ya tranquila mi conciencia, y sigo rumbo hácia el Norte.

Capítulo I

Hacia trece dias que navegábamos en el *África*, suntuoso vapor de la Compañía Cunard, cuando una mañana, resonó en mi oído la mágica palabra *Nueva York*. Habíamos llegado; y aunque desde la víspera, tuviésemos la casi certidumbre de ver terminado nuestro viaje al siguiente dia, no por eso, la emocion fué ménos grata.

En la mar debe contarse siempre con lo imprevisto; y el gran banquete de la víspera, que anuncia la llegada segura, reuniendo en ese momento alrededor de la gran mesa, aún á aquellos viajeros invisibles durante la travesía, á esas víctimas resignadas del mareo, puede aún resultar ser un esperanza vana.

Los semblantes[23] se iluminan, los apetitos se aguzan, las simpatías se acentúan, al parecer; pero ese banquete de *adios* destinado á calmar las inquietudes[24] del viajero y á pacificar los pobres estómagos exhaustos, suele no ser la última comida que abordo se hace. El mar es caprichoso; y el hombre falible.

---

23   *Semblante*: cara o rostro humano.
24   *Inquietud*: desasosiego, preocupación.

Todos los que han viajado, conocen el momento solemne del arribo.

La agitacion es general, el va y viene de los pasajeros que activan su atavío y de los empleados del buque, que como viajeros que son igualmente, tratan de despachar, con la mayor rapidez posible sus quehaceres[25], complicados por la llegada, para bajar á esa tierra tan ansiada por el navegante. Ya viaje éste por gusto, ó aquél por deber: la tierra es la esperanza de todos.

Reina el tumulto, el desorden, en tales ocasiones; á la regularidad y monotonía de la vida ordinaria, sucede la agitacion, la confusion. Y entónces, puede verse patentemente, cuán efímeras[26] y transitorias son esas relaciones, contraidas en la vida tan íntima y estrecha de abordo.

La llegada afloja como por encanto, vínculos que parecian tan sólidos ayer tarde al ponerse el sol; vínculos creados por la necesidad y mantenidos por la costumbre.

Con la misma facilidad con que se formaran, se disuelven los grupos varios; y de una intimidad de todos los momentos, suele no quedar ni aún el recuerdo. Como las aguas del Leteo[27], la tierra produce el olvido y á veces la ingratitud.

La ruptura suele ser tan rápida cuanto persistente, careciendo con frecuencia, hasta de las formas que hacen soportable toda separacion. La culpa no es de nadie, es de todos.

‹‹Hasta la vista; estoy buscando un baul que no encuentro!›› dice un viajero, malhumorado.

Agrega otro, con marcada cortesía: ‹‹Señora, siento no poder ser útil á Vd... ¿en qué hotel podré...?››

‹‹Ignoro...; pero ya nos veremos,›› es la respuesta laconica[28] y evasiva; que con el olor de tierra, hánse despertado los escrúpulos sociales, adormecidos por los continuos vaivenes que las olas imprimen al flotante vehículo.

‹‹Por aquí, caballero; le llaman á Vd. de tierra!›› grita un comedido.

‹‹Cómo! qué ya se puede desembarcar?››

‹‹No ha llegado aún la visita!›› exclaman varios en coro.

‹‹Para servir á Vds.!››

Pasa un grupo de familia dando codazos y aún maletazos; produ-

---

25 *Quehaceres*: tareas.
26 *Efímero*: de corta duración.
27 *Leteo*: río del olvido en los infiernos en la mitología latina.
28 *Lacónico*: breve, conciso.

ciendo malhumor general, desconcierto y aún sombreros ladeados.

‹‹¡Madame,›› pronuncia un dandy[29] irreprochable, redondeando los codos, ‹‹tendré, la dicha...?›› imposible continuar la expresiva frase: un baul colosal, de esos llamados *mundos*, por las elegantes, amenaza con su mole[30] el coqueto sombrero del *desembarque*, de la dama, que ya se halla fuera de tiro.

Cosa curiosa; se llega á un país donde no se conoce alma viviente, y no obstante, la idea de agradar surge como esas generaciones espontáneas de que nos hablan los fisiólogos.

Los hombres no forman excepcion á esta regla ó conato de seduccion inocente. Ostentando pliegues caprichosos, vénse levitas[31] arrugadas, que yacían en el fondo de la mala[32] durante la travesía, y que vienen á reemplazar el jaquet algo descolorido de todos los dias, *bueno para abordo*.

Error! aquella levita y el sombrerito coqueto, llegarán al hotel cubiertos de polvo. El viajero novel[33] cae siempre en la falta de *vestirse* para desembarcar. En tanto que el aguerrido[34], guarda sus galas para cuando haya sacudido el polvo del camino, en la ancha bañadera que en el hotel le aguarda, entregándose luego al hábil peluquero, que habrá de dejarle irreprochable y como nuevo.

Llegar á una ciudad, donde nadie nos espera, produce dolorosa impresion en el ánimo del viajero bisoño, y casi le hace arrepentirse del *triste placer de viajar*, como dice madame de Stael[35].

Cuando el *África*, despues de haber recibido la muy rápida y poco ceremoniosa visita de sanidad de Nueva York, dejó por la ancha tabla, que en contacto con el muelle le ponia, paso libre á los que de la ciudad venian, en busca de amigos y parientes, vi llegar una media docena de individuos, en procura de damas viajeras.

Un grupo de niñas engalanadas, que durante la travesía nos habia divertido mucho con su charla incesante é inofensiva coquetería, recibió sobre la [36]cubierta á los recien llegados. El súbito exclamar *Pa!*

---

29 *Dandy*: hombre que se preocupa mucho de su compostura y de seguir las modas.
30 *Mole*: masa o corpulencia.
31 *Levita*: vestidura masculina de etiqueta, más larga y amplia que el frac, cuyos faldones llegan a cruzarse por delante.
32 *Mala*: maleta, baúl.
33 *Novel*: principiante.
34 *Aguerrido*: experimentado.
35 *Madame de Staël*: Germaine Necker, baronesa de Staël-Holstein (1766-1817), mujer de letras, su salon al inicio de la revolución francesa se convirtió en un ámbito de gran influencia intelectual. Contribuyó a difundir el romanticismo.
36 *Conato*: empeño infructuoso en realizar algo.

John! James! Mary! entrecortados con ruidosos besos, me hizo experimentar algo que á la envidia se parecIa. Pero, oh naturaleza humana! Mi mal sentimiento se trocó luego en otro peor. Aquellos besos al padre (*Pa*, que el Yankee todo lo acorta) á John, hermano ó primo, no eran dados ó recibidos en la mejilla ó en la frente, acompañados de un abrazo tierno, como en nuestra raza se estila; eran estampados en plena boca y acompañados de un vigoroso *shake hands*[37] muy prosáico; y beso y apreton de mano me movieron á la risa. Hice mal, pero lo hice.

Los lábios, me parecen sitio sagrado, que no deben así no mas prestarse á públicas efusiones de familia. Si me equivoco, tanto peor, conservo mi error, porque me es grato.

Diverse lingue orribili favelle[38]. Recordé al Dante, sin poderlo remediar, cuando seguida de mi numerosa *smala*[39], me encontré á cierta altura del muelle, delante de un muro humano, que vociferaba palabras desconocidas, como una legion de condenados. Eran séres groseros, feos, mal entrazados, con enormes látigos, que blandian desapiadados, furiosos, sobre las indefensas cabezas de los viajeros, cuyo paso impedian. De repente, una alma, un viajero, caía en poder de alguno de esos demonios, y en el instante éste enmudecia, conduciéndole en misterioso silencio, sólo Dios sabe donde. El calor, el polvo, el vocinglerio infernal, me tenian fuera de mí. Uno de aquellos hombres que sin cesar repetía ‹‹*Clarendon Hotel*›› se apoderó de improviso de uno de mis hijos, colocándole sobre el hombro. Creció mi terror y el exceso de la temperatura, hubo de hacerme perder el sentido.

Eran las once de la mañana, de un dia de Junio en Nueva York. Tal fecha, nada dice á quien no conozca la ciudad de los tabardillos (*sun strike*)[40], en pleno verano, pero estremece de pavor á quien haya habitado la Metrópoli norte americana, durante el verano.

Seguimos todos al hombre del gran látigo y continuó la gritería: *Everett Housse! Fith Avenue Hotel! St. Nicholas Hotel!* mientras nosotros caminábamos en fila, lo mejor que podiamos entre cajones, tablas y barricas. El cochero del ómnibus[41] del *Clarendon Hotel*, nos condujo en

---

37   *Shake hands*: [sic] handshake; apretón de manos.
38   *Diverse lingue orribili favelle*: frase del volumen primero de *La divina comedia* –*El infierno* –del célebre poeta florentino, Dante Alighieri (1265-1321); (ital.) "Extrañas lenguas, gritos horribles", referente a la confusión de lenguas existente después de la construcción de la Torre de Babel.
39   *Smala*: (fr.) del árabe *zmala*, conjunto de equipajes y tiendas-habitación de un jeque; (metáf.) por sus hijos, bultos y bagajes.
40   *Sun Strike*: [sic] sunstroke; insolación.
41   *Ómnibus*: coche de transporte colectivo para trasladar personas dentro de las poblaciones con tracción a sangre.

silencio á la oficina de la Aduana, estrecho camaranchel[42] de tablas mal unidas, donde sólo cabiamos dos viajeros á la vez.

Gracias al pasaporte diplomático, la ceremonia del reconocimiento del equipaje, no tuvo lugar. El empleado dio una mirada rápida al pasaporte, escribió algo sobre un registro, pronunció un espresivo *all right*, y en mi calidad de *lady*, me entregó un puñado de pedazos de cobre numerados, diciéndome: *That'll do* y nos volvió la espalda.

Ha llegado el momento de hacer aquí una confesion penosa, que hará derramar lágrimas, no lo dudo, al digno don Antonio Zinny, mi maestro, á quien su discípula favorita, debia en ese entónces todo el inglés que sabia. Y este resultó ser tan poco, que con gran vergüenza y asombro mío, el intérprete natural de la familia, la niña polígolota[43], como me llamaron un dia algunos aduladores de mis años tempranos, no entendia *jota* de lo que le repetian los hombres mal entrazados y el laconico expresivo empleado.

‹‹Qué dicen? Qué dicen?›› preguntaban mis compañeros, volviéndose á mí, como á la fuente. Y la fuente respondia: ‹‹No les entiendo!›› y fuerza era responder la verdad, porque mi turbacion[44] era visible.

Pero como el gesto expresivo de uno de los hombres, indicara los cuadraditos de bronce numerados que yo conservaba en la mano, mayor fué mi confusion que mi cautela, y por verme libre del importuno[45], se los entregué, y así cesó de mortificarme.

Ah! Pero con aquel calor y aquella atmósfera sofocante, hubiera, como Esaú[46] cedido hasta la más preciosa de mis prerrogativas, por un baño.

Subimos por fin al ómnibus, y comenzó entónces ese ávido mirar del viajero, que se vuelve todo ojos, al penetrar en una ciudad desconocida ó conocida, si por fortuna ésta es París.

Nada hay más grato que volver á ver á París; creo, lo afirmo, la impresion que se recibe al ver la Capital de la Francia por vez primera, no es tan intensa ni tan completa, como la que se siente al volver á verla.

La admiracion, cuando va acompañada de sorpresa suele ser ménos atractiva, y, sobre todo, menos razonada.

---

42 *Camaranchel*: ó Carabanchel, habitación estrecha donde se organiza una juerga.
43 *Polígota*: una persona versada en varias lenguas.
44 *Turbación*: desconcierto.
45 *Importuno*: molesto, aquí referente al hombre que se ocupa del control del equipaje
46 *Esaú*: hijo de Isaac y Rebeca y hermano mayor de Jacob, a quien vendió su derecho de primogenitura por un plato de lentejas.

Pocas cosas hay más susceptibles de crecer y educarse que la admiratibilidad. El salvaje no se da cuenta de los edificios que ve por vez primera; los ve mal, los juzga con su criterio estrecho de salvaje. Para comprender lo bello, es forzoso tener en nosotros un ideal de belleza, y cuanto más elevado es éste, mayor es nuestro goce, por mucho que el reverso de la medalla, produzca en nosotros, cierta insaciabilidad estética, si la palabra es permitida, y nos incline un tanto al pesimismo.

Capítulo II

Si en vez de llegar á Nueva York de dia claro, con aquel sol rajante, desapiadado, atravesando en mal *coche de alquiler*, la muy larga distancia, que media desde el muelle hasta la parte elegante de la ciudad, me hubieran desembarcado dormida y encerrada, como las princesas de las Mil y una noches[47], en misterioso palanquin[48], al despertar, de seguro habria exclamado: «¡Estoy en Londres!» Idéntica arquitectura, igual fisonomía en las calles, en las tiendas, en los transeuntes, que parecen todos apurados; y lo están en realidad.

El cosmopolitismo hállase más acentuado en Nueva York; pero la raza sajona[49] descuella allí sobre las demas é imprime á la metrópoli norte americana, todo el carácter de una ciudad inglesa. Si se exceptúan los *tobacconish*[50], con sus colosales cigarros de madera chocolate ó sus indias de lo mismo, adornadas con el clásico tocado[51] y la cintura de

---

47 *Mil y una noches*: célebre obra de origen persa del s. XV en la que la joven Scherezade le narra historias al rey árabe Shahriyar, como ardid de supervivencia, durante mil y una noches.

48 *Palanquín*: suerte de plataforma o silla montada sobre dos varas, con manijas en los extremos, usada en Oriente para llevar en ellas a las personas importantes.

49 *Sajón*: pueblo de origen germánico que habitaba en la desembocadura del río Elba, parte del cual se trasladó a Inglaterra en el s. V, y más adelante a otras regiones, incluyendo las Américas.

50 *Tobacconish*: [sic] tobacconist; tabaquería.

plumas rojas y azules, que tienen un sello puramente americano.

La animacion es portentosa, y cuando se entra á Broadway, la grande arteria de la suntuosa ciudad, aquel nombre de *calle ancha*, parece ridículo.

Los ómnibus, los tramways, idénticos á los nuestros, los carros de tráfico, con sus inmensos paraguas–avisos, que libran al conductor de los rayos del sol y anuncian al viajero el mejor sitio para comprar, ya sea betun para las botas, ya sean joyas para *ladies*, obstruyen el paso y suspenden por algunos instantes el movimiento de aquella Babilonia andante.

En la época á que aludo, 1860, el ferro–carril aéreo, no existia; ha sido construido despues de mi salida, y harto se necesitaba.

Más de una vez he creído imposible salvar la distancia que separa á Union Square[52] del embarcadero del ferro–carril de Pensilvania, á pesar de salir con sobrado tiempo del hotel, para tomar el tren de la mañana.

Carros, tramways, ómnibus, carretas de todas formas y dimensiones, obstruyen la calle; y por más malhumor y agitacion que se gaste, el vehículo que conduce al viajero apremiado por la hora, no puede salvar inconvenientes de *fuerza mayor*, como dice el municipal francés (*sergent de ville*) que fué.

Muchas veces me ha sorprendido la flema[53] inalterable, con la cual los Yankees, los hombres más ocupados del mundo, esperan, resisten y soportan esos escollos[54], inherentes á las grandes aglomeraciones de poblacion. Momentáneamente, parecen no sentir siquiera la demora y contentarse con mirar su reloj, repitiendo: *Plenty time* (tiempo de sobra). Pero así que llegan al término de la jornada, no descuidan de seguro, medio alguno de remediar aquel inconveniente, para que no se repita y poder de esa suerte ganar el *tiempo que es dinero*.

En nuestra raza, se produce el fenómeno contrario; en el momento crítico, la impaciencia toma proporciones vastas, el malhumor sube de punto, el viajero se queja, rezonga, vocifera, maldice y amenaza la Compañía si está en ferro–carril y la Municipalidad, si va en carruaje: pero llega y... olvida y nada se remedia: ahí está el mal.

---

51   *Tocado*: prenda con que se cubre la cabeza.
52   *Union Square*: parque neoyorquino de gran relevancia histórica ubicado, durante el s. XIX, en el cruce entre la famosa avenida Broadway y *the Bowery*.
53   *Flema*: calma excesiva, impasibilidad.
54   *Escollo*: dificultad, obstáculo.

El policeman yankee, tan parecido al inglés, aunque ménos grave, llamó mi atencion desde ese primer momento y más tarde, no tuve un amigo más *seguro*, que aquel gordo, rubio, que hacia el servicio diurno en la esquina de *Broadway y Union Square*. Sin él, ¿qué señora, qué niñera con niños, se hubiera atrevido jamas á cruzar de una acera á otra, sin ser infaliblemente atropellada por los tramways ó los ómnibus? El policeman levanta la macanita[55] corta y reluciente que lleva en la muñeca, pendiente de una correa, y como si ésta fuera una varilla mágica cesa el movimiento en la ruidosa avenida. Luego, con un ademan blando, que contrasta con su talla gigantesca, toma de la mano á la *lady* que debe proteger y poner en lugar seguro, en la opuesta vereda; y sin exagerada prisa, con un niño en cada brazo, dando la mano á la *lady*, cruza la calle. *Thanks!* (gracias) murmura la dama, sonrien los chiquitines y el policeman, sin aparentar oir ni ver; pero oyendo y apreciando las *gracias* y la sonrisa infantil, agita de nuevo su vara milagrosa: un movimiento autoritario nada ridículo, sino *quite the thing*, y vuelven de nuevo á circular los ruidosos vehículos; en tanto él, grave, sereno y vigilante, continúa su pacífica tarea.

Las iglesias, no producen en Nueva York el mismo efecto que en las ciudades europeas, aún de menor importancia. Por lo general, son poco bellas, modernísimas y con el sello de construccion de ayer, que les quita gran parte de su encanto, no sólo arqueológico, sino estético.

En la América del Norte, como en la nuestra, el viajero no halla esos preciosos recuerdos históricos, revelados por los monumentos, por la fisonomía misma de las ciudades. Todo es allí obra del presente, nuevo, novísimo y exento de ese encanto misterioso que el tiempo imprime á las piedras, á los edificios, á las cosas.

La historia de ese país, como sus monumentos, es toda de ayer, de ahí la pobreza relativa que impresiona desagradablemente al viajero que llega de Europa, si bien comprende toda la riqueza y poderío que esa parte del Nuevo Mundo encierra. Halla mucho que le sorprende; pero poco que le seduzca.

La nueva catedral que acaban de construir á su costo los católicos de Nueva York, es bella y lujosísima. Toda de mármol blanco, tallada con gran primor, recuerda un tanto la Santa Sofía de Constantinopla, atrae las miradas del viajero desde luego, lo deslumbra de léjos por su blancura nítida y su corte admirable.

---

55   *Macana*: garrote a manera de machete o de porra, hecha de madera.

En general, los templos son góticos[56], de un gótico moderno, que sólo ha conservado de aquel órden arquitectonico, tan bello y adecuado al pensamiento religioso de la Edad Media, el corte agudo de sus torres y ese estrechamiento perfilado del conjunto, prescindiendo de adornos, molduras, y de ese mundo de estatuitas, gárgolas[57], rosetas[58], grifones[59] y agujas, que son al órden gótico, lo que las hojas de acanto al *corintio* y la columna estriada al dórico[60].

Las *churches* de Nueva York, de un gótico desnudo, sin galas, son escuálidas, frias, como el culto á que están dedicadas, y desde luego me fueron antipáticas. Quiero hacer una excepcion, en favor de una, cubierta de graciosa yedra[61], colocada á la derecha en Broadway, al subir hacia Union Square; no recuerdo su nombre y no me importa. Esa iglesia gótica, que más bien parece la capilla de un cementerio, vista á la luz de la luna, evoca pensamientos de penetrante melancolía: es una protesta muda, en aquella ruidosa calle donde se agita y bulle el pueblo más vivaz de la tierra.

En cambio, las casas que son en los barrios lujosos, por lo general, de piedra oscura, de corte sencillo y elegante, revelan desde el exterior el *comfort* del hogar (*home*) inglés, aún algo de más grandioso y vasto. Edificadas, como las de Inglaterra, sobre una serie de gradas elevadas, con el *basement* subterráneo, son de tres y cuatro pisos. Cada uno de éstos, tiene un uso particular. En los bajos, la cocina, el *laundry*, (cuarto para lavar y planchar) y en algunas casas de gente modesta, el comedor. Los ricos tienen en el primer piso los salones lujosamente amueblados, el comedor, la biblioteca, todo esto rodeado por un *hall* ó corredor enlozado de mármol blanco ó enmaderado con mosáicos tan relucientes, como los de un salon parisiense en verano. Las casas son dobles, con habitaciones en ambos lados, con grandes ventanas sobre la calle, que se cierran de arriba abajo, corriendo los cristales; el nombre de este sistema es odioso, por eso lo callo.

---

56 *Gótico*: estilo relacionado con el arte que se desarrolla en Europa desde el s. XII hasta el Renacimiento.

57 *Gárgola*: terminación, con frecuencia vistosamente adornada, del caño o canal por donde se vierte el agua de los tejados o de las fuentes.

58 *Roseta*: ventana redonda y calada de iglesia en forma circular con adornos.

59 *Grifón*: llave de cañería o de depósito de líquidos.???

60 *Columna dórica*: columna perteneciente al orden dórico cuyo capitel se compone de un ábaco con un equino o un cuarto bocel.

61 *Yedra*: [hiedra] planta trepadora verde de la familia de las Araliáceas, con tronco y ramos sarmentosos, de que brotan raíces adventicias que se agarran fuertemente a los cuerpos inmediatos.

Los Americanos, como los Ingleses, gustan mucho de adornar sus casas con una ó dos ventanas más grandes que las ordinarias, á que llaman *bow–window*. Son éstas unas aberturas que empiezan en el piso y suben hasta el techo; en vez de estar como todas las ventanas, ras con ras con la pared, avanzan hácia el exterior y forman una especie de cancel ó nicho, sobre la calle. El efecto es muy bonito en el interior, pues deja penetrar la luz desde arriba como en los *studi*[62] de los pintores; y por fuera, rompe la monotonía de la línea recta.

Las *bow–window* tienen siempre ricos cortinados de brocato en el invierno, cuando el calorífero[63] que viene del *basement* y mantiene la temperatura noche y dia á 71 grados Farenheit, hace olvidar el frio polar, que desola las calles y congela lagos y rios en la parte Norte y Oeste de la Union.

En el verano, blancos tules y leves muselinas velan la *bow–window* y la vuelven aún más misteriosa y atractiva. Flores en vistosos jarrones y lujosas macetas, mesitas con libros y chucherías, adornan aquel misterioso buen retiro de la americana *flirtation*, tan grata cuanto peligrosa.

En el segundo piso están los aposentos con sus anchas camas matrimoniales, que la mujer norte americana, ostenta siempre, en las noches de recepcion, con sus dobles almohadones con fundas blancas, cubiertas de bordados y con la sábana lisa bien doblada sobre la colcha, invitando al reposo; sin que le ocurra siquiera, fuera más elegante y más púdico, velar esos misterios de la alcoba, con una sobrecama de oscuro raso.

En un ángulo del aposento vése indefectiblemente el lavatorio, adherido á la pared, con sus dos llaves para el agua fria y la caliente; delante de la ventana, la mesa de *toilette*, cuadrada, ancha, cómoda, y cubierta de muselina con viso azul ó rosado, adornada con frascos y pomos con tapas de plata ú oro; y esos numerosos cepillos para el cabello, que más que el peine usan como las Inglesas, las rubias Yankees.

El gabinete de *toilette*, propiamente dicho, no existe allí. Está reemplazado por el cuarto de baño; pero en éste no hay sino la bañadera, tanto en las casas particulares, como en los hoteles.

Al último piso, están relegados los sirvientes y los niños: costumbre inglesa.

---

62 *Studi*: (ital.) taller.
63 *Calorífero*: calefacción.

Capítulo III

En Broadway, hasta la altura de *Union Square* (plaza de la Union), en donde está una estátua de Jorge Washington, el gran patriota americano, obra que hace muy poco honor al gusto artístico de los descendientes de los puritanos, hay pocas casas particulares. Abundan tiendas, especialmente las suntuosas, *emporios* como llaman los Newyorkeses á esas lujosísimas construcciones, por el estilo de la tienda del archimillonario Stwart[64], que ocupa una manzana de las nuestras, ostenta mármoles como palacio florentino y reune las novedades de toda Europa, desde medias de Escocia, como las calza la *graciosa* soberana de la Gran Bretaña[65], hasta las maravillas inéditas de Worth[66] y La-

---

64 *Stwart*: [sic] Stewart; Alexander Turney Stewart (1803-1876), capitalista norteamericano de origen irlandés conocido como el hombre más rico del mundo en su época. Era dueño de una tienda que antecede las tiendas de departamentos posteriores que yacía sobre la avenida Broadway en Nueva York.

65 *Soberana...*: Alexandrina Victoria (1819-1901), hija del Duque de Kent y Strathhearn y la Princesa Victoria de Saxe-Coburg-Saafield, y nieta del Rey Jorge III de Gran Bretaña, posteriormente reconocida como la Reina Victoria de Gran Bretaña y Emperatriz de la India.

66 *Worth*: Charles Frederick Worth (1825–95), fundador anglofrancés de la *Maison Worth*, casa de alta costura, con sedes en París y Londres. Era el sastre de las cortes de las emperatrices Eugenia de Francia e Isabel de Austria.

ferriere[67]. Pero aún hace más aquel emporio, se da el lujo de pertenecer á un ciudadano, que siendo nombrado Ministro por el Presidente Grant[68], al inaugurar su gobierno, renuncia á la cartera, si ésta ha de ser incompatible, como lo era, con su oficio activo de tendero[69]. Tal cosa no pasa sino en Estados Unidos.

Stwart ha dejado una fortuna que es la segunda del mundo, y, sinembargo, cuando sus dependientes llegaban á la tienda con media hora de atraso, tenian que pagar una multa de *cinco dollars*. Puedo asegurar que la pagaban rara vez, pues *time is money*.

Pero, en cambio, ¿qué poder humano, qué mujer, por bella que sea, puede hacerse despachar en Estados Unidos, ni siquiera una vara de cinta, luego que dan las siete de la tarde, la hora oficial, asignada para la duracion del trabajo del empleado comercial? Ninguna! Yo lo he conseguido en Washington; pero, por quién? Por el dueño del establecimiento, que tuvo á bien, *por deferencia, hacerlo él mismo*.

Esto da á los empleados libertad para ocupar agradable y aún útilmente sus noches; pero entristece no poco las calles.

Las tiendas se cierran temprano, naturalmente, y el viajero suspira en vano por gas, animacion y vida, que solo se encuentra en los teatros, escasos relativamente á la poblacion de Nueva York, segun nuestras ideas; en los *Oyster's Saloons*[70] y en esa serie de teatruchos de mala muerte y peor forma que abundan en Broadway, ostentando estrellas de gas, letreros luminosos y aún carteles transparentes, con figurones expresivos y nada artísticos.

Lo repito, el viajero no tiene, como en París, en Viena ó en Madrid, ese Madrid que parece despertar despues de las once de la noche, el recurso de pasearse por las calles como en nuestro país, tomando el fresco de la noche, si es verano, ó si es invierno, agitando la sangre, con el paso gimnástico, mientras que los ojos y el pensamiento se recrean, sin gastar un centavo, con las tiendas iluminadas y las vidrieras coquetamente adornadas para la revista de la noche.

---

67 *Laferriere*: [sic] Madame de Laferrière (1847-1912), propietaria de una casa de alta costura fundada en París en 1869, quien atendía a los gustos en materia de vestimenta a tanto la Emperatriz Eugenia de Bonaparte como a su sobrina, la Princesa Mathilde de Bonaparte.

68 *Grant*: Hiram Ulysses Grant (1822-1885), político y general estadounidense, presidente de Estados Unidos de 1869-1876. Dirigió las fuerzas de la Unión de Estados Americanos durante la Guerra de Secesión.

69 **Nota de editor**: en marzo de 1869, Stewart es designado Secretario de Hacienda por parte del Presidente Grant, pero renuncia al cargo debido a una ley que prohibía la incorporación de individuos involucrados en la importación de bienes del extranjero a cargos gubernamentales.

70 *Oyster's Saloons*: [sic] oyster saloons; tabernas donde se servían ostras, entre otros productos comestibles y/o bebibles.

En Nueva York es forzoso gastar, y no poco, ya en teatros, ya en espectáculos de un género ó de otro, si no quiere uno morirse de tedio ó de dispepsia[71] á fuerza de tomar helados ó *sherry–cobler*[72], la pasion de los Americanos y de sus bellas hijas.

Á mi llegada á Clarendon–hotel, ¡cuál sería mi asombro, al saber que todo el equipaje nos habia precedido y estaba ya en el *hall*, esperando para ser colocado en nuestros cuartos! Aquel milagro, lo habia realizado la Compañía Adam; esa *institution* (los Yankees llaman, por broma, *institution*, á todo invento útil), que como una red inmensa, envuelve en sus benéficas mallas á toda la Union y evita así la plaga de los viajes: el trasporte del equipaje, preocupacion que envenena el placer de llegar y amarga el de partir, por la serie de alfilerazos inevitables que asestan al espíritu del viajero. Para apreciar todo el beneficio de la *institution* ‹‹*Adam's Express Company*›› es menester, haber vivido como yo, algunos años en los Estados Unidos é ir luego á Europa, á luchar en Francia con los coches de galería, los carros ómnibus, el pesaje de los baules en la hora crítica de *tomar el billete*, ese momento psicológico que agita la bilis del *pater familia*[73], destempla los nervios de la elegante mamá, saca de quicio á los chiquitines que corren traviesos por el embarcadero, topan con el horrible *camion* atestado de baules y ponen á la infeliz institutriz[74], niñera ó correcta camarera, en serios aprietos.

No es posible pesar el equipaje sin tener los billetes, pero el *guichet*[75], aquella ventanilla misteriosa, en la cual fijan ávidas miradas los apeñuscados[76] viajantes, no se abre sino diez minutos antes de la salida del tren.

En Francia, país de reglamentacion excesiva, la operacion es todavía más practicable, sin sufrir un exceso de emociones crueles. Ay! Pero en España, en Inglaterra, es como para desarrollar una neurosis cronica.

‹‹¡Quién pudiera viajar sin equipaje!›› exclaman los viajeros, en todo el Continente Europeo.

Los Yankees han realizado ese conato[77], ó mejor dicho, la Com-

---

71 *Dispepsia*: enfermedad crónica caracterizada por la digestión laboriosa e imperfecta.
72 *Sherry-cobler*: bebida compuesta por vino de jerez o amontillado, azúcar, y agua carbonatada.
73 *Pater familia*: (lat.) padre de familia.
74 *Institutriz*: mujer encargada de la educación o instrucción de uno o varios niños en el hogar doméstico
75 *Guichet*: (fr.) ventanilla donde se efectúa el control de equipaje en una estación de trenes
76 *Apeñuscados*: amontonados.
77 *Conato*: esfuerzo en la ejecución de algo.

pañía Adam, mediante aquellos famosos cuadritos de bronce. Carros con buenos caballos, excelentes empleados: el misterio no es otro. En cuanto al importe, el hotelero lo incluye así en su cuenta: *Trasporte de equipaje*; y el viajero paga, y paga con agrado.

Cuando he sujerido en Europa la idea de una Compañía por el estilo, háseme objetado, la dificultad invencible, que oponen las Aduanas de nacionalidades diversas y de exigencias idénticas, de que está la Europa surcada. En nuestro país, la cosa sería facilísima, extendiéndola como la Compañía Adam, á trasporte de encomiendas, no sólo en la Union, sino con corresponsales europeos.

La vida de hotel en Estados Unidos, no se parece á la de ningun otro país; hay holgura, facilidades y ventajas, que constituyen una de las especialidades de la Union; cierto es que sólo allí se ve este fenómeno curioso por demas: familias enteras que toda su vida han vivido de hotel en hotel.

Matronas he conocido, graves y reservadas, que me han dicho estas palabras: «Cuando me casé con John, tomé el tren en Baltimore, vinimos al hotel en Nueva York, nos alojamos en el espléndido *cuarto de los novios*, que debe Vd. visitar; y luego, tomamos éstos, que desde entónces ocupamos.»

La dama en cuestion llevaba por lo ménos dieciocho años de vida conyugal, á juzgar por el desarrollo de dos preciosas rubias, que ostentaban vistosas *toilettes*[78] y elaborados peinados, con ese desenfado y gracia, peculiares á la mujer norte americana. Mina y Jenny habian nacido y crecido bajo el techo hospitalario del *New York–hotel*. Más tarde trataré de estudiar la influencia de ese género de vida, en las familias, y en las costumbres de la Union.

Por lo general, en el hotel se paga un precio redondo de ocho á diez dollars por persona; y se tiene derecho á un cuarto cómodo con baño, etc., almuerzo desde las ocho hasta las once, lunch de la una á las tres, comida á las seis, té de las ocho á las diez y cena hasta las doce y media.

Es asombrosa la liberalidad en las listas de las diferentes comidas (*meals*) á que dan derecho los tales ocho *dollars*. Para empezar, té, café, chocolate, con esa serie de panes calientes de todo género, que hacen las delicias de los Americanos y que yo hallo execrables[79], pero esto es cuestion de gusto.

---

78   *Toilette*: galicismo por vestidos o trajes.
79   *Execrable*: abominable, aborrecible.

En el almuerzo propiamente dicho, ofrecen huevos, hechos de más de seis maneras, carne igualmente variada en su aderezo, con legumbres diversas y la opcion á té, café ó chocolate. El vino no se incluye nunca en el *bill of fare* (lista de comida); pero sí, en cambio, una abundancia de agua helada pasmosa.

El lunch, que es frio, se encuentra servido en el vastísimo comedor, y el viajero toma lo que mejor le cuadre. Á esas horas sólo se ven algunos negros, vestidos de blanco, invierno y verano, ya sea abanicándose con grandes pantallas de paja, ya asomándose por las puertas á mirar á la calle; que en vez de la obsequiosa amabilidad con que acuden por la mañana al menor signo, responden con distraccion y á veces continuan *sentados* leyendo un diario. Es la hora de la huelga, una huelga relativa; pero cuyos efectos los siente el viajero.

El ceremonial del almuerzo más complicado, ofrece una fisonomía bastante curiosa, en los hoteles que son verdaderamente *yankees* y que no afectan formas europeas. Y digo afectan, porque con los criados que florecen en la América del Norte, tratar de hacer las cosas con la correccion que éstas se hacen en Francia, en Inglaterra ó en Italia, es problema insoluble.

El *head waiter* (mayordomo) es por lo general un negro viejo, robusto, de andar acompasado y que reviste un frac estrecho y algo lustroso, sobre un chaleco de piqué más ó ménos blanco, según la hora; lleva corbata igualmente dudosa y anchos guantes de algodon. Este personaje importante, tiene bajo sus órdenes un enjambre de negrillos de todas tallas y edades, que marchan detrás de él con paso militar y cómica gravedad.

La obsequiosidad del *waiter* (mozo de hotel) de los Estados Unidos, no tiene rival. «Cómo está Vd., Mr. Minister?» dicen, alargando la mano para estrechar afectuosamente la del incauto que, ya por distraccion, ya por creer que tal conviene á su dignidad en país democrático, le tiende la suya.

Infatigables los risueños negros, ofrecen para el almuerzo *oysters*, aderezadas de más de diez maneras, y toda clase de mariscos, que los Americanos devoran en cantidades fabulosas.

El extranjero poco acostumbrado á esa clase de alimento matutino, que pide simplemente costillas ó un *beefsteak*, causa á los retintos[80]

---

80   *Retinto*: de color castaño oscuro.

waiters una sorpresa mezclada de cierto desden; y á veces, hay que repetir la órden, con voz de mando.

Increible es la cantidad de ostras que se consume en los Estados Unidos. *Oysters* es la palabra, el grito que llama la atencion del viajero que llega en Otoño: *Oysters, oysters!* se oye repetir en todos los tonos en las estaciones de los ferro carriles á los muchachos, que alternan con los vendedores de diarios y *candies* (dulces) tan malos y poco dulces para un paladar de los nuestros, cuanto deliciosas son esas ostras fritas, envueltas en biscocho rayado, colocadas en capas superpuestas en cajitas de carton, que, calientitas y apetitosas, vienen á dejar grato contentamiento en el recuerdo y en el estómago del viajero famélico[81].

El viajero tiene siempre buen apetito. Será la locomocion? Qué será? Los niños devoran en viaje; y los grandes ansían por llegar á la estacion.

Brillat Savarin[82] ha dicho: *Dime lo que comes, te diré lo que eres.* Apoyada en este axioma, voy estudiando al pueblo americano con cierto detalle, hasta en sus alimentos. Es éste aquel que consume mayor cantidad de mariscos, *frutos de mar*, como dicen los Italianos. Las preciosas niñas yankees de delicadísima tez y delgada cintura, se alimentan especialmente de ostras, cangrejos y langostas. Nunca podré olvidar el asombro que me causó en mi primera comida, en el hotel de Nueva York, ver devorar á una elegante muchacha de dieciocho años, la mitad de una langosta, chupando hasta las antenas, con una delicia, que con elocuente expresion se trasparentaba en su bellísimo semblante.

El pueblo ingles vive, no de *roastbeef*, como vulgarmente se cree, sino de papas y de aguardiente, que esa tan mentada carne inglesa, no la prueban los pobres; y ellos forman el pueblo.

En los Estados Unidos, las ostras bajo forma de sopa que se vende por las calles á un precio ínfimo, en grandes tarros de lata, como lo eran en otros tiempos los de nuestras mazamorreras[83], es la base del alimento del pueblo.

En las tertulias naturalmente, se sirven ostras; eso sí, la diversidad en la manera de condimentarlas es en extremo variada; y fuera de ese país, nunca las he comido más sabrosas, pues las famosas de Ostende[84],

---

81   *Famélico*: hambriento.
82   *Brillat Savarin*: Jean Anthelme Brillat-Savarin (1755-1826), abogado y político francés además de gran epicúreo y gastrónomo, conocido por su dicho "Dis-moi ce que tu manges, je te dirai ce que tu es", "Dime lo que comes, te diré lo que eres".
83   *Mazamorrera*: fabricantes de mazamorra, una comida hecha a base de maíz y preparada de diversas formas.
84   *Ostende*: ciudad belga de la costa del mar del norte afamada por su pesca.

delicia del Parisiense, se comen tal cual las produjo el mar.

La tortuga de tierra (*terrapin*) forma igualmente uno de los alimentos favoritos de los Americanos; hacen con ella una especie de bodrio[85], que además de insípido y de apariencia grosera, tiene el inconveniente de ser malsano, como ciertos hongos: la terrapin suele ser venenosa.

Causa dolor ver á esas rubias, trasparentes, poéticas Yankees, vestidas de encajes, deslumbrantes de lujo y atavio, verlas digo, sentadas prosáicamente en esa actitud femenina que permite apoyar un gran plato sopero sobre las rodillas, un tanto separadas. Solo el realismo de Zola[86], puede dar acabada idea del espectáculo, del olor, del ambiente, que rodea á esas bellas mujeres escotadas y coquetas. Devoran por cucharadas el líquido negrusco en el cual flotan grandes pedazos de carne resistente, ajitando á la par que sus dorados rizos, sus activas mandíbulas.

‹‹Estoy desesperado!›› me dijo una vez un enamorado Secretario de Legacion[87]. ‹‹He llevado á Nelly, crema y plantillas; y me ha pedido otra vez tortuga y ostras. Me voy!›› Y lo hizo como lo decia. Tuvo razon.

Esas mujeres que parecen vivir del aire, como nuestras orquídeas del Paraná[88], comen y beben como héroes de Homero. Y, sinembargo, lo primero que preguntan, á las demás mujeres, cuando tienen confianza, es: ‹‹¿Cuántas libras pesa Vd.? Yo no peso sino tantas.›› El mérito estético para ellas, está en razon directa de su poca abundancia de tejido celular. No les falta razon, hasta cierto punto; pero á veces las bellezas yankees carecen de ciertas redondeces atractivas, que tienen su razon de ser.

Curioso es y vale la pena de estudiarse bajo el punto de vista higiénico y fisiológico, la influencia de las ostras, las langostas y las tortugas, acompañadas de mucha agua helada, un poco de champagne, aguardiente y menta, bajo forma de *mins julep*[89] sorbido por una paja. En otra raza los efectos serian aún más desastrosos.

La *dispepsia* cronica, que destruye el mejor estómago, es uno de los males reinantes en los Estados Unidos; el abuso del hielo y del pan

---

85 *Bodrio*: caldo hecho de sobras de sopa, mendrugos, verduras y legumbres.
86 *Zola*: Emile Zola (1840-1902), célebre novelista francés y fundador del movimiento literario naturalista, conocido por el realismo gráfico de sus novelas.
87 *Legacion*: [sic] legación; cuerpo diplomático en representación de un país ante otro país.
88 *Paraná*: río de aproximadamente 4500KM de extensión que atraviesa Brasil, Paraguay y Argentina en su derrotero hacia el Río de la Plata y, eventualmente, el mar Atlántico.
89 *Mins julep*: [sic] mint julep; bebida alcohólica tradicional del sur de Estados Unidos, elaborada con *Bourbon Whisky*, azúcar, hojas de menta y agua.

caliente contribuyen no poco á desarrollar tal enfermedad. Además, el Americano vive mucho de jamon frio. En la *City*, ese lugar donde bulle la gente ocupada, comerciantes, bolsistas, hombres de negocios y hombres de ley (*men of law*) como abogados, procuradores y toda esa *gens*[90] de ley, como decian los Latinos, el almuerzo y el lunch consisten en ostras, sandwichs de pescado, jamon y aún carne, que comen de pié, no sólo los pobres dependientes y ministriles, sino los opulentos banqueros de la Quinta Avenida y los abogados más famosos del foro newyorkes.

Time is money; y el *bar room* en el cual se encuentra á mano, comida y bebida, *sin sentarse*, es preferible á todo, cuando el tiempo precioso escasea y hay que economizarlo. Esas comidas malas, indigestas, hechas así, de paso, pensando en cosas ingratas y aún á veces crueles, producen más tarde atroces gastralgías ó dispepsias, que ni Vichy[91], ni Ems[92] bastan á curar. La naturaleza tiene exijencias imprescindibles y faltar á una sola de sus leyes, es procurarse más tarde terribles arrepentimientos; de todos los acreedores, es el más desapiadado: suele cobrar tarde; pero, cobra siempre.

---

90   *Gens*: (lat.) tipo o suerte de gente.
91   *Vichy*: localidad francesa conocida por sus aguas termales.
92   *Ems*: [sic] Bad Ems; ciudad alemana afamada por sus baños terapéuticos y como lugar de veraneo.

Capítulo IV

No es posible hablar de los Estados Unidos, sin penetrar un tanto en su vida política.

Los hombres que iniciaron el movimiento que desprendió los Estados Unidos de la metrópoli inglesa, bien merecen se les dedique un capítulo especial. Aquellos lectores que de la Historia no gusten, pueden saltarlo; no por eso comprenderán ménos bien mis impresiones de viajera.

Hace poco más de un siglo, la Inglaterra no era lo que es hoy. La Australia, colonia de ayer, disfruta de las inmensas ventajas que la experiencia y la marcha de las ideas, han impreso en la mente de los estadistas británicos.

Cuando en 1773 estalla el movimiento revolucionario en Boston, una de las trece colonias inglesas que en el nuevo mundo existía, el grito de los patriotas norte americanos fué: *Franquicias, libertad*.

La metrópoli inglesa, abusando del floreciente estado de sus colonias, las oprimia por medio de impuestos onerosos, sobre materias de gran consumo, como el té, el vidrio, el papel y los sellos, y pretendia aumentar con exceso la propia riqueza, pesando por demas sobre pueblos jóvenes; y, relativamente á la inmensa riqueza de Gran Bretaña, pobres.

El poeta Quintana[93], con filial ternura, disculpa así las faltas políticas de su patria: *Error fué de los tiempos, no de España,* dice; este verso que encierra un pensamiento profundo, puede aplicarse igualmente á la Inglaterra de entónces.

El gabinete británico del siglo actual, ha adelantado, ha aprendido mucho; y si aún le vemos con harta frecuencia, mantenerse fiel á los propósitos de un egoísmo frio, elevado á credo político, en aquella tierra clásica del mercantilismo, no obstante, hoy el equilibrio europeo, creacion de ayer, sirve de valla á esa insaciable ambicion, amparando los débiles.

Los patriotas Americanos, lucharon contra la madre patria por todos los medios á su alcance. Sus mujeres se privaron voluntariamente de lujo y aún de lo necesario, pues para los Sajones el uso del té y del aguardiente, es como todos saben, necesidad apremiante. Las Norte americanas, tanto las de origen sajon, como las de origen latino, soportaron intrépidas[94] toda clase de privaciones, antes que consentir en pagar aquellos odiosos impuestos.

‹‹El entusiasmo››, dice un escritor de la época, ‹‹era portentoso y todos á una concordaban en este pensamiento: *Primero la muerte que continuar siendo esclavos de la Inglaterra*››.

Corta pero terrible fué la contienda, y en 1775, en la batalla de Bunker's Hill, los Americanos obtienen sobre los Ingleses, tan espléndida cuanto inesperada victoria.

El primer Congreso americano se establece en Filadelfia; éste da el mando supremo de los ejércitos al general Jorje Washington, y por último, las trece colonias inglesas declaran su independencia el 4 de Julio de 1776.

Un año despues, con la rendicion del general inglés Burgoyne[95], en Saratoga, los insurrectos obtienen la tan anhelada supremacia y la gran Bretaña empieza á comprender que el pueblo americano se le escapa.

---

93 *Quintana*: Manuel José Quintana (1772-1857), poeta y político español reconocido por su patriotismo.
94 *Intrépido*: sin miedo, temor.
95 *Burgoyne*: John Burgoyne (1723-1792), general británico quien, durante la Guerra Revolucionaria de Estados Unidos, se rindió el 7 de octubre de 1777 ante el general de las tropas revolucionarias, Horatio Gates, en la Batalla de Saratoga.

Animada entónces la Francia por ese soplo de libertad, que agitaba los espíritus, en los albores de su gran revolucion, hace un tratado ofensivo y defensivo con la naciente Union y tanto en tierra como en el mar, le presta su poderoso auxilio. Lafayette[96], Rochambeau[97] y tantos otros oficiales franceses distinguidos, sellan con su sangre generosa esa alianza entre el trono de San Luis[98] y los descendientes de los puritanos de Cromwell[99].

Llega luego el momento en que la Inglaterra se ve en la necesidad de reconocer la independencia de los nuevos Estados, aceptando la paz, y ésta se firma en París, el 3 de Setiembre de 1783.

Ya pueden, ya deben los Americanos pensar en darse una forma de gobierno, que encierre ese ideal político á que aspiran los espíritus como Adams[100], Jefferson[101], Madisson[102] y tantos otros patriotas.

La Constitucion se establece; y Jorge Washington es investido por sus conciudadanos con el título de primer Presidente de los Estados Unidos.

El descreido lord Byron[103] ha cantado la gran figura americana, llamándole: *The first, the last, the best. El primero, el último, el mejor*.

Durante sus dos presidencias, Washington, que fué elegido por segunda y aún por tercera vez, da ejemplo de una honradez y altura políticas, que no han sido sobrepasadas ni aún igualadas, por ninguno de sus sucesores. Era noble de origen, gran señor de corazon, patriota y abnegado, hasta el punto de sustraerse á los altos honores de la suprema dignidad política, por enseñar á sus compatricios el desinteres y virtudes cívicas.

---

96   *Lafayette*: Marie-Joseph-Paul-Yves-Roch-Gilbert Du Motier, Marqués de La Fayette (1757-1834), aristócrata, militar y político francés quien tomó parte en la Guerra Revolucionaria de Estados Unidos, además de las revoluciones francesas de 1789 y 1830.

97   *Rochambeau*: Jean-Baptiste Donatien de Vimeur, Conde de Rochambeau (1725-1807), mariscal francés quien participó en la Guerra Revolucionaria de Estados Unidos, con el rango de Teniente General bajo las órdenes del general estadounidense George Washington.

98   *San Luis*: Luis IX (1214-1270), rey de Francia desde 1226 hasta 1270.

99   *Cromwell*: Oliver Cromwell (1599-1658), militar y político autoritario inglés, de raíces protestantes. Era miembro del Parlamento inglés y, posteriormente, Protector del Commonwealth de Inglaterra hasta la restauración de la monarquía en 1660.

100 *Adams*: John Adams (1735-1826), político estadounidense y segundo presidente de Estados Unidos.

101 *Jefferson*: Thomas Jefferson (1743-1826), político estadounidense y tercer presidente de Estados Unidos.

102 *Madisson*: [sic] Madison; James Madison (1751-1836); político estadounidense y cuarto presidente de Estados Unidos.

103 *Lord Byron*: Lord George Gordon (1788-1824), poeta romántico inglés conocido por *Las horas del ocio*, *La peregrinación de Childe Harold*, *Don Juan* y *El corsario*. Murió luchando por los griegos en su lucha independentista contra los turcos en Misolonghi, Grecia.

Rodeado de personalidades marcantes, de hombres de un mérito incontestable, el primer Presidente de los Estados Unidos realizó en breve tiempo grandes adelantos para su país, y causó el asombro de los pueblos europeos, que con cierta natural desconfianza, seguian los pasos de la naciente Union.

Diplomático hábil, aunque no amigo agradecido, cuando en 93 la Inglaterra declara la guerra á la Francia, Washington se apresura á establecer la neutralidad de los Estados Unidos y acredita así, lo que más tarde ocurre en la terrible lucha de la Alemania y la Francia, es decir, que los dioses que según Platon[104], escogieron el Egipto para nacer en él, por existir allí una ley contra la ingratitud, de seguro, no hubieran dado tal preferencia á *Yankeeland*.

Los Estados Unidos, cuyo vasto territorio se halla colocado entre los dos Océanos, abraza todas las zonas. Cruzando por diversas cadenas de montañas, como los Alleghany[105] y los Montes Azules[106], que se extienden paralelamente al mar, es uno de los países más bellos y pintorescos que puede verse. Las montañas Rocallosas[107] separan la Union Americana de México y van luego á dividirse en dos, formando la meseta de México, que toma el nombre de Sierra Madre, y por el Oeste la Sierra de Potosí. Surcado por vastos ríos como el Misisipi, el San Lorenzo, el Oregon y esa serie de lagos, como el Michigan, el Superior, el Erie y el Ontario, ofrecia á los patriotas los elementos de riqueza, que más tarde han convertido esa nacion en una de las primeras del mundo, no sólo por su opulencia y feracidad, sino también por su belleza.

Es pasmosa y de un efecto admirable, la cantidad de canales, que como red de cristal, cubre el territorio americano. El silbido de las locomotoras, alterna sin cesar con el de los vapores que cruzan de dia y de noche por ríos, lagos y canales. Donde uno menos piensa, se encuentra con el agua, ese elemento de vida, sin el cual, como decia un gran pintor flamenco, *todo paisaje está muerto*.

De suerte que, tanto en la industria, como en la estética de la naturaleza, el mismo fenómeno produce idénticos efectos: belleza y riqueza.

---

104 *Platón*: (circa 427 adC-347adC); filósofo griego, discípulo de Sócrates y maestro de Aristóteles, conocido por su método dialéctico.
105 *Alleghany*: [sic] Allegheny; cadena de montañas que atraviesa los estados estadounidenses de Pensilvania, Maryland, Virginia y Virginia Occidental.
106 *Montes Azules*: la cadena de montañas Blue Ridge que se extiende desde el estado de Virginia hasta el estado de Georgia.
107 *Rocallosas*: la cadena de montañas que se extiende desde el estado de Nuevo México hasta el estado de Alaska.

Capítulo V

Despues de este rápido boceto de la historia de los Estados Unidos, me ocurre ser del caso hacer una comparacion, igualmente rápida, entre los prohombres que crearon las libertades norte americanas y aquellos que, continuaron más tarde practicando y gozando de esas libertades.

Mr. Laboulaye[108] dice, que los ‹‹Norte americanos aman, sobre todo, su Constitucion y que así como otros pueblos se agrupan en torno de su bandera, el Yankee, prefiere al constelado pabellon, su Constitucion.››

Yo pienso que tienen razon, dada la índole de ese pueblo práctico y nada sentimental. Esa Constitucion, para ellos ha resultado ser perfecta, pues al traves de las vicisitudes de todo género, que ha atravesado, se ha mantenido siempre la misma, sin que á nadie ocurriera la idea de modificarla, de alterarla.

Indudablemente, al leer los nombres de los diversos Presidentes que han tenido los Estados Unidos, se nota un decrecimiento marcado

---

108 *Laboulaye*: Édouard René Lefèvre de Laboulaye (1811-1883), jurista, político e historiador francés, gran admirador de Estados Unidos. Propuso el concepto de la Estatua de la Libertad; autor de *París en América*.

en las personalidades. Otro tanto acontece con sus Congresos, sus magistraturas y sus municipios. Se diria, que á medida que la Union crece, se vigoriza y centuplica su poder, que su comercio rivaliza con el de la Inglaterra, y llega un momento en que disputa á la antigua metrópoli la supremacia de los mares, sus hombres van perdiendo, no sólo el prestigio del talento, sino aún algunas de esas virtudes del patricio, de que hizo tan justo alarde Jorge Washington, *el primero, el mejor, el último*.

Politician, se llama hoy á aquellos, que un dia merecieron el sagrado título de *patriotas*.

El negociante, el industrial, esas fuerzas vivas de la Union Americana, desprecian á los politiqueros, y sobre todo, los aborrecen. Y, sinembargo, muchos tienen que ser aquellos á quienes tal nombre convenga pues por tal se entiende todo individuo que directamente tenga atingencias con la cosa pública. Y como en la Union, cuya contestura administrativa es en extremo complicada, varian incesantemente todos los empleados, pues con el cambio de Presidente, cada cuatro años, se renuevan hasta los porteros de la Casa Blanca, indudablemente el número de *politicians*, ya activos, ya pasivos, es numeroso. El mal, según yo creo, consiste, no en la cantidad, sino en la calidad, porque cada candidato político, para triunfar, ofrece sin reserva, empleos y puestos en el Gobierno.

Van, vienen, se suceden, se transforman las Presidencias, en ese país, que como un médano movedizo, cambia sin cesar la fisonomía de sus administraciones; pero la Constitucion se mantiene siempre en alto, superior á todas las humanas flaquezas, á la fluctuacion de las pasiones, y dejando imaginar al soñador, que en efecto *el Espíritu Santo descendió sobre los patriotas congregados en Filadelfia*. He ahí el verdadero palladium[109] de la gran nacion: la fe en sus instituciones, que son para ellos la última palabra de la perfeccion política.

Con no poco *esprit*, el autor de París en América, dice: «Nosotros los Franceses, en cuanto nos hallamos en algún apuro político, lo primero que nos ocurre es *modificar, cambiar*, hacer otra Constitucion.» Ojalá que los Argentinos tengan siempre presente tales peculiaridades, que constituyen toda la fisonomía política de esos dos países.

Sin sombra de exageracion puede llamarse á la nacion americana, la más conservadora del mundo, salvo la inglesa; los Yankees no son en

---

109 *Palladium*: (griego) lugar seguro según la mitología griega.

realidad sino Ingleses republicanos, y su amor á la tradicion es herencia de John Bull[110].

En sus hábitos, en sus ideas, en sus preocupaciones, el Norte americano es el Inglés, pues de todas las razas que han concurrido á la creacion de los Estados Unidos, la que hasta hoy le ha impreso más profundamente su sello, es la del Reino Unido.

Entre nosotros, la fusion de las diversas razas europeas que á este suelo acuden, se ha efectuado más por completo: y el cosmopolitismo ha ido borrando las costumbres, los gustos, de la madre patria.

Aún en el idioma, se nota en Estados Unidos la anarquía que entre nosotros impera con relacion á la Lengua de la metrópoli. El inglés de los Yankees es nasal, y se halla en antagonismo de pronunciacion con el de los Ingleses. El Norte americano aspira la *h* despues de la *w*, mientras que el Inglés hace todo lo contrario. Son la *c* y la *z* pronunciadas por el Español y descuidadas por el Sud americano. Igualmente en la *u* y en la *r* hay gran diferencia de pronunciacion.

Es curioso, ver que se repite el mismo fenómeno respecto de ciertos verbos y nombres que, trasplantados á las Américas, cambian totalmente de sentido; sin que sea posible darse cuenta del por qué de tal metamórfosis.

Las Yankees pretenden hablar mejor que los Ingleses; nosotros no adelantamos tal proposicion: prescindimos de la España, como si la Lengua fuera nuestra propiedad exclusiva. Muy rara es esta divergencia en la identidad.

Daniel Webster[111], un Norte americano, escribe el mejor diccionario inglés que se conoce, y el Venezolano Bello[112], hace aclamar su gramática en España. Pero diccionarios y gramáticas no constituyen la Lengua.

Los Americanos corrompen su idioma, lo prostituyen con mezclas de mucho aleman, algo de irlandés, un poco de frances y aún algunas frases pescadas en el español mexicanizado, como: *let us vámunus*, que quiere decir simplemente, *vámonos ó si nos fueramos*; hacer las cosas con *gosto* (gusto), palabra que sea dicho de paso, me han sostenido ser ellos quienes pronuncian, con la perfeccion debida.

---

110 *John Bull*: personificación nacional, en términos literarios y caricaturescos, del Reino Unido, concebido por el Dr. John Arbuthnot en 1712.

111 *Daniel Webster*: (1752-1852); estadista, político y abogado estadounidense. **Nota de editor**: se trata de un error por parte de la autora. El autor del diccionario que lleva su nombre es el lexicógrafo y ensayista estadounidense, Noah Webster (1758-1843).

112 *Bello*: Andrés Bello (1781-1865), poeta, escritor, filólogo juriconsulto y político de origen venezolano, residente por gran parte de su vida en Santiago de Chile.

Nosotros tomamos al frances muchos giros y palabras y al italiano cuanto nos ocurre. Cual será en el porvenir el resultado de tales anarquías? Es de preverse una dislocacion gramatical completa, que hará espeluznarse de horror á los puristas, ya cada dia más escasos en el mundo. Pero como decía Voltaire: *Quelqu'un qui a plus d'esprit que moi c'est tout le monde*[113]; y según vamos, la democracia por el número llegará quizá hasta imponer sus giros lingüísticos.

No quiero terminar este capítulo, sin hacer observar una similitud notable, que encuentro entre el Sajon de Europa y el trasplantado al Nuevo Mundo.

Dolorosa es la historia, que llamaré privada, de los Estados Unidos, en contacto con esas tribus salvajes, que poblaban los territorios de Nevada, Colorado, etc. Así que el Yankee tuvo una existencia política asegurada, no se contentó ya con comprar, como en otro tiempo, tierras á los indígenas, decidió destruir la raza por todos los medios á su alcance. Muerte, traicion y rapiña, han sido las armas con las cuales los han combatido, promesas y engaños, hé ahí su política con los hijos del desierto.

«Dos justicias,» decía el *Times* de Londres, en su cuestion con el Brasil, «una para el fuerte, otra para el débil.»

Y sus descendientes han sido fieles á tal pensamiento, más cínico que evangélico: el fariseismo[114] político de los Sajones ha hecho su camino, y la gran nacion va adelante con su *go a head*[115], destruyendo, pillando, anexando.

Existen en la Union, no obstante, comisionados, delegados y toda especie de empleados, en el Ministerio del Interior (Indian Department)[116] cuya única mision es enriquecerse, robando sin pudor la pitanza[117] de los pocos indios que aún quedan, y con los cuales la Administracion mantiene aparentemente buenas relaciones.

El Gobierno lo sabe, lo tolera; diré más, lo aprueba; y cuando quiere protejer á algun *good friend*, le nombra delegado del *Indian Department*.

---

113 *Voltaire*: François Marie Arouet (1694-1778), célebre escritor, ensayista y filósofo iluminista de origen francés; "Cualquiera tiene más espíritu que yo".
114 *Fariseísmo*: hipocresía.
115 *Go a head*: [sic] go ahead.
116 *Indian Department*: [sic] Office of Indian Affairs, actualmente llamado el *Bureau of Indian Affairs*; aunque existían otras agencias dentro del gobierno de Estados Unidos a cargo de asuntos relacionados con los indígenas antes de 1824, ésta se establece en dicho año con la finalidad de administrar las tierras que les pertenecen colectivamente y de proporcionarles medios educativos.
117 *Pitanza*: reparto de víveres o bienes que se hace a los pobres; en este caso, a los indígenas que habitaban las reducciones indígenas en Estados Unidos.

Más de una vez he oído á algunos hijos de la Union, de corazon generoso, deplorar tan terribles abusos; pero esas eran gotas de agua que iban á perderse en el vasto océano de la complicada máquina gubernamental de la gran nacion.

Los Sajones que se han mezclado empero, con la raza negra, hánse mantenido distantes de los Pieles Rojas[118], con una antipatía digna de preocupar á los antropologistas, y que debe indudablemente tener una seria razon fisiológica.

Dicen algunos pensadores, que esta separacion, esta antipatía congenial, es una de las causas del engrandecimiento de los Estados Unidos. Yo no sé hasta qué punto tengan razon.

Cuando he visto caciques Rojos, sentados á la mesa del Presidente de los Estados Unidos, en esa actitud reservada y digna, acompañada de un mirar melancólico y profundo, tan penetrante, he sentido respeto y enternecimiento por los descendientes de los dueños de la tierra, que hoy ocupa la Union, despojados, desdeñados, engañados por hombres que profesan una religion de igualdad y mansedumbre, y que, sinembargo, no practican el principal de sus preceptos: la fraternidad. No se me acuse de sentimentalismo, o mejor dicho, écheseme en cara el sentir, no me será disgustoso.

---

118 *Pieles Rojos*: término –usado frecuentemente de forma despectiva– para los indígenas en Estados Unidos.

Capítulo VI

No es posible estudiar, como simple viajero á los Estados Unidos, ni dar una idea de los móviles del Sud, al levantarse contra la Union, sin echar una mirada rápida sobre su historia y forzosamente tambien, estudiar los elementos que formaron en su orígen la Union Americana.

Pueblo de ayer, ha alcanzado en un siglo, portentoso progreso, nivelándose hoy, por su grandeza y poderío, con las más grandes naciones de Europa.

En 1497, los hermanos Gaboto [119] descubren las primeras costas del Continente Norte Americano, y los elementos que allí llevan son una mezcla de Españoles é Italianos.

Ponce de Leon [120] llega algunos años despues á la Florida; y Españoles y Franceses forman en su origen la poblacion de ese Estado.

En 1602, se establecen los Ingleses en Virginia y figuran en primera

---

[119] *Gaboto*: [sic] Giovanni Caboto (*circa* 1450-*circa* 1499), navegante italiano en cuyos viajes en busca de una ruta haciia el continente asiático alcanzó las costas de Norteamérica pocos años después del descubrimiento del continente por Cristóbal Colón. Nota de editor: se trata de un error de la autora. Giovanni Caboto era el padre del explorador italiano Sebastiano Caboto, no hermano.

[120] *Ponce de Leon*: Juan Ponce de León (1460-1521), conquistador español quien colaboró en la conquista de Santo Domingo y Puerto Rico.

línea, hasta 1614, los Gosnol[121], Hudson[122] y Smith[123]. Entre tanto, los Holandeses colonizan á Nueva York y le dan nombre: Nuevos Países Bajos.

Perseguidos sin piedad los puritanos en la Gran Bretaña, abordan las orillas del Massachussets en 1620; y poco despues los Suecos fundan el Delaware.

El Maryland, el Connecticut y el Rhode Island, debieron sus primeros habitantes á las persecuciones religiosas. Los peregrinos plantan en tierra vírgen la semilla, que debia fructificar en el Nuevo Mundo, y dar por resultado final esa aspiracion hácia un ideal de libertad, que los compañeros de Oliverio Cromwel, persiguieron hasta manchar el Libro Santo con la sangre del Rey Carlos I[124].

El elegante y frívolo sucesor del decapitado Stuart[125], regala en 1662, al Conde Clarendon[126] y á otros nobles señores, todo el país que más tarde forma las dos Carolinas. Contrasta con estos nobles caballeros, Guillermo Penn el cuákero[127], á quien, igualmente dadivoso el Rey Carlos II, hizo presente de toda la comarca que, tomando el nombre de su fundador, se llamó Pensilvania.

Una Compañía Inglesa se establece luego en la Georgia, bajo el reinado de Jorge II.

En 1683, el Francés De la Salle[128] parte del Canadá, posesion francesa y bajando el Misisipi, toma posesion de la Luisiana en nombre del Rey

---

121 *Gosnol*: [sic] Bartholomew Gosnold (1572-1607), explorador y colonizador inglés que hizo varios viajes al Nuevo Mundo; falleció en la célebre colonia inglesa de Jamestown, Virginia. **Nota de editor**: aunque se sabe que viajó con su hermano, de ahí la referencia de la autora a "los Gosnol", se desconocen tanto el nombre como los datos biográficos de él.

122 *Hudson*: Henry Hudson (*circa* 1570-*circa* 1611), ilustre explorador marino de origen inglés cuyo nombre quedó relacionado con la bahía canadiense homóloga debido a su búsqueda de un pasaje a Asia por el norte de Canadá.

123 *Smith*: John Smith (1580-1631), marinero, soldado y autor inglés. Además de colonizador, fue el primer presidente de la colonia de Virginia.

124 *Carlos I*: (1600-1649), rey de Inglaterra, Escocia e Irlanda, de la familia real Stuart. Conocido por su autoritarismo absolutista como monarca, fue ejecutado durante la Guerra Civil Inglesa.

125 *Stuart*: Carlos II (1630-1685), hijo de Carlos I y rey de Inglaterra, Escocia e Irlanda por juramento en 1649 y por hecho a partir de 1660. Después de la muerte de Oliver Cromwell en 1660, Carlos II restaura la monarquía inglesa.

126 *Conde Clarendon*: Edward Hyde, primer Earl de Clarendon (1609-1674), historiador y político inglés. En 1663, éste recibió del rey Carlos II, al igual que otros ocho nobles ingleses, terrenos en Norteamérica.

127 *Guillermo Penn, el cuákero*: William Penn (1644-1718), estadista inglés y fundador del estado estadounidense de Pensilvania. Era miembro de la *Sociedad Religiosa de los Amigos*, generalmente conocida como cuáqueros o amigos, la cual es conocida por su postura pacifista a favor de los derechos humanos y la reforma social.

128 *De la Salle*: René-Robert Cavelier de La Salle (1643-1687), explorador francés conocido por sus viajes de descubrimiento en Norteamérica. Recorrió la región de los Grandes Lagos y, después el río Mississipi en busca de una salida continental al Golfo de California y, eventualmente, al Oriente.

Luis XIV[129]. En 1717 la Compañía Francesa de Occidente funda la Nueva Orleans, levantando en 1735 el fuerte de Vincennes, en Indiana.

Dice el escritor Americano Tucker[130]: «Dividido el territorio entre dos naciones poderosas (la Francia y la Inglaterra), no tarda en volverse el teatro de una guerra sangrienta.» Guerra que dura siete años y cuesta á la Francia el Canadá, la Acadia y la isla del Cabo Breton.

Estudiando, pues, los orígenes de esa tierra clásica de la libertad, vénse surgir en su comienzo, los elementos heterogéneos[131] que preparan para más tarde, la gran escision[132] que toma cuerpo y produce lo que los patriotas del Norte han denominado *el gran escándalo*.

Tenemos, pues, un conjunto como orígen del Sud, de nobles caballeros Franceses; y en el Norte ceñudos y no ménos aristocráticos puritanos Ingleses. Católicos fanáticos y protestantes intransigentes, hé ahí las dos grandes líneas, las dos antítesis que más tarde darán por resultado el Virginiano y el Yankee, es decir: el secesionista Jefferson Davis[133], los intrépidos Lee[134] y Bauregard[135], en pugna con esos patriotas ilustrados é intransigentes de la nueva Inglaterra, que no sacrifican medio á la sujecion del Sud: lo destruyen; pero triunfan.

Abraham Lincoln[136], Sheridan[137], Sherman[138], Butter[139], Grant y

---

129 *Luis XIV*: (1638-1715), rey de Francia conocido como el *Rey Sol*. Reinó durante setenta y dos años, más tiempo que cualquier rey europeo, período durante el cual Francia no consiguió sólo poder político y militar, sino también dominio cultural. Se le atribuye la expresión "*L'État, c'est moi*" –"El estado soy yo"– aunque no se ha confirmado este hecho.

130 **Nota de editor**: no se registra la existencia de un escritor norteamericano de apellido Tucker en aquella época; quizás sea el filósofo inglés Abraham Tucker (1705-1774).

131 *Heterogéneo*: compuesto de partes de diversa naturaleza.

132 *Escisión*: rompimiento.

133 *Jefferson Davis*: (1808-1889), soldado y político estadounidense, presidente de los Estados Confederados de América durante la Guerra de Secesión (1861-1865).

134 *Lee*: Robert E. Lee (1807-1870), general estadounidense quien dirigió las fuerzas de los Estados Confederados de América –las fuerzas del Sur– durante la Guerra de Secesión.

135 *Bauregard*: [sic] Pierre Gustave Toutant de Beauregard (1818-1893), general de origen franco-estadounidense nacido en Luisiana quien dirigió tropas a favor de los Estados Confederados de América durante la Guerra de Secesión.

136 *Lincoln*: Abraham Lincoln (1809-1865), el presidente de los Estados Unidos durante la Guerra de Secesión, abolió la esclavitud. Murió asesinado por el simpatizante sureño John Wilkes Booth en Washington, D.C.

137 *Sheridan*: George Augustus Sheridan (1840-1896), militar estadounidense quien luchó a favor de la Unión de Estados Americanos –las fuerzas del Norte– durante la Guerra de Secesión. Después de la guerra, recibió el cargo de administrador de las tierras conquistadas en el estado de Luisiana y, posteriormente, fue diputado nacional (1873-1875).

138 *Sherman*: William Tecumseh Sherman (1820-1891), general estadounidense bajo el mando del General Ulysses Grant, líder militar de las fuerzas de la Unión de Estados Americanos, durante la Guerra de Secesión.

139 *Butter*: [sic] Benjamin Franklin Butler (1818-1893), abogado, político y militar estadounidense quien luchó a favor de las fuerzas de la Unión de Estados Americanos durante la Guerra de Secesión. Adquirió el apodo de "Bestia" debido a sus supuestos abusos del poder en Nueva Orleans tras la victoria de las fuerzas de la Unión.

otros, son los descendientes de esas razas mezcladas de Suecos perseverantes, Holandeses pacíficos pero tercos, é Ingleses de la clase media, que compusieron el elemento matriz de donde debia surgir la raza que se da á sí misma el nombre de Americana, y no consiente en que los Latinos, que hemos formado tambien nuestro mundo, en este hemisferio, nos llamemos sino Hispano americanos.

Intolerantes y orgullosos, como severos puritanos, los hijos de la Union no creen sino en sí mismos, y ni siquiera dan fe, ni hacen justicia, al progreso real de nuestras Repúblicas. Nosotros les llamamos, con cierta candidez, *hermanos del Norte*; y ellos, hasta ignoran nuestra existencia política y social. Bien entendido, no me refiero en esto á la cancillería de Washington, si bien, más tarde, narraré algunos incidentes cómicamente tristes, que me han ocurrido con Senadores y Diputados de la Union.

A mi llegada á Nueva York, apénas comenzaba la guerra de secesion y con el correr de unas pocas semanas, la agitacion de los ánimos cobraba notables creces. El tiple[140] grito de los boletineros que anunciaban la marcha de los acontecimientos resonaba sin cesar; boletines que el pueblo newyorkes devoraba con avidez y pagaba á precios muy elevados. Y en las puertas de los hoteles veíanse agrupamientos de hombres, que permanecian allí hasta la hora de cerrarse, entrando y saliendo al *Bar room* (sitio donde se venden bebidas en los hoteles y fuera de ellos). No se oia, sinembargo, una palabra más alta que otra. La raza sajona, para conversar y aún discutir, no eleva nunca, como la latina, el diapason de su voz; sobre todo, no gesticula, salvo para aplicar un puñetazo, *última ratio*[141].

El Sud habia lanzado su manifiesto atrevido, retando al Norte y acusándole de haber faltado á sus pactos, en estos términos: ‹‹Nosotros afirmamos que catorce Estados deliberadamente se han rehusado desde muchos años atras, á llenar sus compromisos, y en prueba de ello, nos remitimos á sus propias leyes.››

Sigue una larga y minuciosa explicacion, acerca de la manera cómo el Norte, ó el Gobierno General mejor dicho, en menoscabo de los derechos de los Estados, se ha abrogado el ‹‹derecho de decidir de la conveniencia de nuestras instituciones domésticas, (las del Sud) denunciando la esclavatura como un pecado ante Dios, derecho reconocido

---

140 *Tiple*: agudo.
141 *Última ratio*: (lat.) juicio final; (fig.) punto final.

por la Constitucion»».

La querella entre el Sud y el Norte aparentemente basada en la cuestion de la esclavatura, y en este derecho proclamado por el Sud que «siendo el gobierno un contrato, la obligacion es recíproca, y *que cuando una de las parles se niega á cumplir lo estipulado, la otra se halla desligada de su obligacion*» tenía más hondas raíces.

El partido democrático, que, desde el Virginiano Washington se había mantenido en el poder; con el advenimiento del republicano Lincoln, siente escapársele toda supremacia, á la par que, surge el gran problema económico de los proteccionistas y sus rivales los libre-cambistas. Antagonicos por demas, eran á la sazon los intereses económicos, las miras de ambos contendentes.

Representaba el Sud la aristocracia, que de otra suerte no puede llamarse, ese grupo de opulentos plantadores, dueños de aquel suelo. Vivian éstos en muelle ociosidad[142], explotando exclusivamente el trabajo de sus esclavos, para el cultivo del algodon, del café y del azúcar, las primordiales riquezas de los estados esclavatistas.

Esos soberbios dueños de la tierra, cuyos riquísimos ingenios contenian millares de negros, extendiéndose leguas y leguas en la comarca, representaban en la Union el lujo señorial, la elegancia de maneras hereditaria, y esa cultura del espíritu, que tan bien se hermana, con el ocio y las riquezas. Hemos visto al General Bauregard y al General Lee, desplegar talentos militares en la desigual lucha con el Norte, que han pasmado á los Europeos.

Ocupado hasta entónces, puramente, de enriquecerse por medio de la industria y de la inmigracion, crecia el Norte sin preocuparse por demas, salvo en la Nueva Inglaterra, de pulir sus maneras o refinar sus hábitos. Aquellos elementos eran, sinembargo, más homogéneos que los del Sud, en el cual la esclavatura, destilaba lentamente, gota á gota, su disolvente veneno.

Compuesto especialmente de Norte de Alemanes industriosos, é Irlandeses entusiastas y trabajadores, se desarrollaba y robustecia gradualmente, por la fuerza natural de las cosas; mientras que el Sud, con el trabajo impago de sus esclavos, que enriquecia sólo á los amos, no creaba esa fuerza real, ese sentimiento de apego al suelo, que es el elemento vital de una nacion.

---

142 *Ociosidad*: comodidad.

En realidad, el Sud debia caer, como caerán siempre las sociedades compuestas de amos y esclavos. El pobre, y la clase media, son los elementos constitutivos de todo pueblo. Aquel que espera, trabajando, llegar á formarse un bienestar para sí y los suyos, ese tiene en su corazon las fibras del ciudadano. El que espera, ama; el que ama, lucha y defiende el suelo en donde trabaja.

Sinembargo, levántase el Sud contra el Norte; pero, ese movimiento artificial, debia dar los resultados que dio; no sólo por la magnitud de los medios para contrarrestarlo, con que contaba el Norte, que era la parte sana, la parte viva de la Union, sino porque en el Sud no habia pueblo, propiamente dicho.

Aquella aristocracia tenía que perecer á manos de las fuerzas vivas concentradas durante tres cuartas partes de siglo en el Norte industrial y en el Oeste ganadero y aventurero.

Reasumiendo estas consideraciones, creo que naturalmente el Sud debia separarse del resto de la Union, de la cual entró á formar parte más tarde que los trece Estados, por los elementos constitutivos de su esencia aristocrática y climatérica, y que la cuestion económica y de supremacia política, no fué sino un resultado lógico ó una accion paralela.

No cabe en mi propósito, estudiar mas detenidamente este problema. El Sud hoy ya no existe, es decir, el Sud de los sudistas; el hierro, el fuego y la persecucion, acabaron con él. Las elegancias, los lujos, los ocios de Nueva Orleans y sus rivales, pasaron, como pasa todo, cuando llega el momento histórico.

Los esclavos están libres y los señores empobrecidos. Richmond [143], envuelto en el humo del incendio, cayó luchando heróicamente por una mala causa.

Mucha sangre, muchas lágrimas han corrido; pero, como decia el Convencional: *Se ha salvado un principio*.

Pobre Sud! A pesar de sus faltas, del látigo cruento con que azotaba las espaldas de sus negros, era simpático. Lo compadezco y le dedico aquí un latido de mi corazon femenino.

---

143 *Richmond*: actual capital del estado de Virginia, era la capital de los Estados Confederados de América durante la Guerra de Secesión.

Capítulo VII

Cuando el Sud retó al Norte, éste no tenia soldados, pues los Estados Unidos, luego que hubieron terminado la guerra de emancipacion, no gastaron un solo dollar en ejército.

El conflicto era grande; y todos saben que en los primeros encuentros, el Sud mostró su inmensa supremacia.

Jefes, la Union no los tenia, sino viejos, como el General Scott[144], que fué el encargado por el Presidente Lincoln, de levantar un ejército, es decir, de improvisarlo.

¿Cómo se verificó este propósito del Gobierno? Haciendo el llamamiento general á las armas, derramando el oro sin escrúpulos, enganchando tropas mercenarias y dando grados, á todos los que se presentaban con el número suficiente de hombres, para formar una compañía: los Coroneles debian traer un regimiento. Así se improvisaron hasta los Generales; de suerte que terminada la guerra, habia un número considerable de oficiales superiores.

Un chusco[145] exclamó delante de mí una vez: «Aquí no hay sino

---

144 *General Scott*: Winfield Scott (1786-1866), general, diplomático y candidato presidencial estadounidense quien luchó a favor de la Unión de Estados Americanos durante la Guerra de Secesión.

145 *Chusco*: persona bromista de modales toscos.

Generales y fotógrafos.» Y aunque exageraba un tanto, mucho habia en ello de verdad. No obstante podria tambien decirse, que en la Union Americana todos son Jueces, Gobernadores, Generales ó Mayores, pues esos maestros de la democracia, cuando han desempeñado un cargo público, le conservan tanto apego, que no abandonan el derecho de continuar llamándose *Judge* ó *Governor*, etc. Honor que sus esposas son las primeras en tributarles, compartiendo el placer de ser llamadas *Mrs. Judge*, *Mrs. Governor* (es decir: la señora Jueza y la señora Gobernadora). Todos los pueblos tienen sus flacos, y si el Europeo profesa gran amor á sus títulos, el Norte americano no le va en zaga: que sean los unos hereditarios y los otros no, la diferencia es insignificante.

Esto me recuerda un incidente que viene aquí de perlas, y en el cual figuraron dos distinguidos publicistas argentinos, cuyos nombres callo, por no pasar por *enfant terrible*[146]. Cuando se trataba de estudiar la Constitucion Americana, para calcar sobre ella la nuestra, viendo en el texto «Governor fish, Diputado por Nueva York, y Governor Morton, Senador por Indiana etc.,» pensaron y no poco discutieron el punto, que en la Union, se podia ser Gobernador de un Estado y Legislador á la vez.

Imaginen hoy nuestros hombres de Estado, la confusion que tan mala inteligencia, hubiera creado en nuestra Constitucion.

Asistí á la revista magna, que tuvo lugar cerca de Washington, bajo las órdenes del prestigioso General Mac'Lellan[147], joven rival que no tardó en dejar en la sombra al General Scott, quien con sus setenta años y su gran corpulencia, no era el jefe indicado para llevar á sangre y fuego esa guerra, que debia dar resultados tan terribles cuanto decisivos.

Aquellos doscientos mil hombres, no formaban un conjunto belicoso, eran individuos tomados al acaso, vestidos con uniformes caprichosos, cuya desigualdad de tallas mostraba no haber sido escogidos. Algunos de esos soldados, ni uniforme tenian; cuando mucho, un kepí[148] abollado y el fusil[149] con una mala cartuchera por toda insignia militar.

---

146 *Enfant terrible*: (fr.) niño/a caprichoso/a.
147 *General Mac'Lellan*: [*sic*] George Brinton McClellan (1826-1885), militar estadounidense quien se hizo cargo de la formación de las fuerzas de la Unión de Estados Americanos a principios de la Guerra de Secesión. Posteriormente, fue candidato a la presidencia de Estados Unidos (1864) y gobernador del Estado de Nueva Jersey.
148 *Kepí*: gorra cilíndrica o ligeramente cónica, con visera horizontal, que usan los militares en algunos países como prenda de uniforme.
149 *Fusil*: rifle.

Aquel desfile interminable, por cierto, y del cual, como es de suponerse, sólo ví una parte, pues las sombras de la noche todo lo confundieron con su capa de tinieblas, nada de imponente tenía, sobre todo, para quien, como yo, llegaba de Francia, donde el ejército, á falta de otra cosa, brillaba por su apostura y el lujo de sus uniformes. El tiempo iba á encargarse de mostrar la vacuidad de tales soldados; cierto es que debian batirse con el primer poder militar de la época.

Los Yankees lucharon unos con otros; eso sí, con todo el salvajismo de la guerra de recursos. Y aquí me ocurre recordar el dicho de un epigramático escritor uruguayo á cierto diputado Frances, que se burlaba de la facha de nuestros soldados: «Esos soldados,» le respondió oportunamente, «como los Europeos, saben matar y morir.»

Los trenes en los Estados Unidos, construidos exactamente como los nuestros, no se parecen á los de Europa, y tienen, sea dicho de paso, el inconveniente de poner á los pasajeros en excesivo contacto, cosa bien incómoda en una travesía larga. Yo, que no tenía idea de lo que me esperaba, al tomar el tren en Nueva York para ir á la Capital, viaje de ocho horas, me instalé muy contenta con mis muchachos en uno de los *cars*, como allí les llaman, mientras que mis compañeros masculinos, iban al *Smoking car* á pagar su tributo al dios cigarro.

Á poco andar entraron varios oficiales y se sentaron en grupo; mirándome con ese desenfado propio del militar nuevo, ufano de sus galones[150]. Algunos instantes despues, uno de ellos sacó un cigarro, me hizo una cortesía y mostrándomelo dijo: *You d'nt object?* (Vd. no se opone?) Era yo la única señora y sin reflexionar, contesté: *No*.

Cara pagué mi condescendencia; pues no sólo aprovechó de ella el cumplido Teniente[151], sino todos sus camaradas; viéndome muy pronto en la necesidad de abandonar el *car* por otro, donde no se fumara, acompañada de algunas risas más merecidas que corteses, por parte del grupo marcial.

El Yankee, sinembargo, no fuma tanto cuanto el Argentino, pues en la Union, unos fuman el tabaco y otros lo mascan; costumbre odiosa y que desgraciadamente se hace extensible en el Oeste, hasta la clase más culta de la sociedad.

Pocos atractivos ofrecia la Capital de los Estados Unidos, en el comienzo de la guerra. Sus calles anchísimas y sin empedrar, eran casi in-

---

150 *Ufano...*: arrogante.
151 *Teniente*: oficial militar de graduación inmediatamente superior al alférez e inferior al capitán.

transitables; en el verano por el polvo, y en el invierno por el lodo y la nieve. Washington es la ciudad más polvorosa que conozco, despues de Buenos Aires.

Al llegar á la Capital de la Union, á esa ciudad principal del Distrito de Colombia, á la cual dio su nombre Jorge Washington, la impresion es ingratísima; se siente un gran vacío. Nueva York, Filadelfia y aún la misma Baltimore, la ciudad de las mujeres hermosas, hacen esperar algo, que seguramente estaba léjos de realizarse, al llegar á la Capital de la magna Union Americana, en 1860.

Los bosques del Maryland, que para llegar á Virginia se atraviesan, son bellísimos. En el otoño los árboles que revisten tintes rojos, dorados y violáceos, toman una apariencia fantástica. Á medida que van perdiendo el color verde, los matices subidos, muy subidos, del ocre, rojo y mordoré[152], alteran las hojas y las abrillantan de tal suerte, que el bosque todo aparece como un inmenso ramillete de vivísimas flores. No ví nunca en la vegetacion nada más encantador y prestigioso, que esas hojas de otoño. Los Americanos tienen en gran aprecio sus *Autumn leaves*, y las conservan en albums, mediante un ligero barniz. La variedad es infinita; sus poetas las han cantado en todos los ritmos, y es tema obligatorio para los adeptos de las Musas[153]. Longfellow[154] ha hecho una composicion célebre, llamada *The Autumn Leaves*.

En ninguna parte del mundo, he visto la transformacion de las hojas, como en Estados Unidos. Alguna vez en Francia, ciertos arbustos, truecan el verde, por un dorado caliente, como dicen los pintores, un rojo pálido; pero que no llega al lujo de colorido de las *Autumn leaves*, á la par que, ciertas manchas negruscas, indican la muerte de la hoja. En Norte América, parece que una paleta mágica hubiera pintado con todo el brillo y el vigor de la primavera, aquellas hojas, que caen de la rama, tan frescas y vivaces, como si la naturaleza despertara recien, en vez de prepararse á la larga noche del invierno del Norte.

Háse atribuido ese fenómeno, á la gran cantidad de humedad y vaporizacion de la atmósfera, en conjunto con un Sol, cuyos rayos son siempre muy fuertes, pues en esa latitud, en la América del Norte, como entre nosotros, el Sol calienta siempre por muy alejado que de la Tierra se halle.

---

152 *Mordoré*: rojo oscuro.
153 *Musas*: nueve diosas de la mitología griega quienes, según los escritores más antiguos, eran las diosas inspiradoras de las artes.
154 *Longfellow*: Henry Wadsworth Longfellow (1807-1882), ilustre poeta estadounidense. Sus obras más conocidas son *Evangeline* (1847), *The Song Of Hiawatha* (1855) y *The Courtship of Miles Standish* (1858).

Llegar á Washington, es ir en busca del Capitolio. El viajero no cesa de preguntar una vez que ha pasado Baltimore, cuándo se ve, y á qué distancia podrá divisar su blanca cúpula.

Inútil es hacer esfuerzos visuales; el edificio no se divisa sino cuando uno ha llegado, ha salido de la plataforma y se enfrenta, por fin, con la ancha avenida de Pensilvania. Ahí está el Coloso de mármol que parece tocar el cielo, con su cúspide elegante, rematada por una estátua dorada, que representa la América, bajo la forma de una india con el tocado americano y cintura de plumas.

El Capitolio es un edificio magno; muy bello como conjunto, que sintetiza, por decir así, la riqueza y poderío de la nacion americana. Sus columnas innumerables, de níveo mármol, de la mayor pureza, evocan el recuerdo de ciudades como Babilonia[155], Tyro[156] ó Persépolis[157]. Inmenso por su extension, colosal por su elevacion, deslumbrante de blancura y nitidez, parece obra de civilizaciones antiguas. Situado sobre una ligera elevacion, se destaca, esbelto é imponente á la vez, con un lujo de formas y materiales que ningun monumento moderno sobrepasa. El orden arquitectonico á que pertenece, es, creo, el composito[158]; es decir, un composito fantástico, en el cual campea el eclectismo, no siempre del mejor gusto; pero como conjunto, bello.

Dice Mr. Laboulaye, que los Americanos no aman sino su Constitucion. Esto es exagerado, siento reconocerlo, poniéndome en pugna con mi amigo el autor de París en América.

Segun mi sentir, el Americano se envanece, y ama sobre todo cuanto posee, su Capitolio. Oh! Es menester oír á un Yankee, decir: *Ha visto Vd. el Capitolio?* para comprenderlo. Hay en esa pregunta y en el tono con que es hecha, toda una revelacion. El Americano del Norte es el ser más vanidoso que he tratado, y su patriotismo se compone de mayor vanidad que amor.

Para, él *American* quiere decir: ciudadano de la América del Norte; no conoce otra América que la de la Union; el resto no lo toma en cuenta; los instruidos la desdeñan, los ignorantes la ignoran. Algo saben de México, y eso, porque dia á dia han ido apropiándose algun pedazo

---

155 *Babilonia*: célebre ciudad-estado de la Mesopotamia, fundada por el rey Nemrod hace aproximadamente 4500 años. De dicha localidad también fueron reyes Hammurabi, quien estableció un famoso código penal, y Nabucudonossor II, quien llevó el territorio a su cúspide cultural a nivel mundial.

156 *Tyro*: ciudad capital de la civilización fenicia, conocida por el comercio en el Mediterráneo, hacia 2700 (a.C.).

157 Persépolis: antigua capital del imperio persa, fundada por el rey Darío I el Grande hacia 512 (a.C.).

158 *Composito*: (ital.) compuesto.

del antiguo imperio de Moctezuma; ya sabemos lo que fué y lo que es la California para el Yankee. Conocen el camino á Centro América; pero de Sud América, que para ellos suele ser el Brasil, ay! qué poco saben! Y diré aún, que nada se les importa.

Cuando el Congreso de 1776 decidió levantar un monumento que fuera digno de albergar en él sus dos Cámaras, esa manifestacion viva de la democracia americana, su idea fué alzar un Capitolio, que superara las más grandes y bellas obras arquitectonicas de la Europa. La idea era grande y estrecha á la vez: el sentimiento de rivalizar con el Viejo Mundo, que guiaba en ese momento al Congreso americano, no carecia de puerilidad. Qué sucedió? Se construyó un edificio portentoso, de un lujo babilonico con la cumbre en el cielo, rodeado de casuchas sucias y enterrado en el lodo.

Pero aún ocurrió algo de más curioso; el Capitolio *debia mirar de frente á la ciudad*; y por un fenómeno extraño, del cual no han podido darme cuenta cabal, aquellos á quienes lo he preguntado, ésta se ha extendido por el lado inverso, hacia el Potomac[159], de suerte que la estátua de América, que termina la atrevida cúpula, vuelve desdeñosamente la espalda á la vasta ciudad, hoy ya monumental.

Nada de más triste y sin relieve, que el aspecto de la avenida de Pensilvania[160], por donde se penetraba en 1860 á la Capital de la Union. Era ésta una anchísima calle sin empedrar, con casuchas de madera, las unas, otras de piedra informe; pero todas igualmente feas.

Yo no podia conformarme con que aquello fuese la Capital; y cuando el cochero del horrible vehículo que nos habia tomado en la estacion del ferrocarril, se detuvo, delante de un caseron de dos pisos, con una fachada sucia y en cuya puerta había una gran cantidad de hombres de aspecto vulgarísimo, exclamé en un inglés más correcto que expresivo: *Llévenos Vd. al Hotel Williams; aquí no es!*

El cochero no se dignó contestar, y abrió la puerta del coche en desdeñoso silencio. Un enjambre[161] de negros sucios y risueños, bajaron por fuerza á mis chiquitines, y ofreciéndome galantemente la mano, repitieron: *Por aquí, Miss*. El tratamiento de señorita, era una galan-

---

159 *Potomac*: río, de aproximadamente 665 KM de extensión, que recorre los estados de Virginia Occidental, Maryland, Virginia. Forma el límite entre el estado de Maryland y el Distrito de Columbia, la capital nacional de Estados Unidos.

160 *Avenida de Pensilvania*: famosa avenida de Washington, D.C., trazada por el planificador urbano franco-estadounidense Pierre Charles L'Enfant (1754-1825), donde se sitúan tanto la residencia del presidente (*White House*, la Casa Blanca) como el capitolio de Estados Unidos.

161 *Enjambre*: multitud, muchedumbre.

tería, que hubiera hecho las delicias de una dama Chilena ó Limeña[162].

Aquel hotel, en nada se parecia al suntuoso *Clarendon* ó al *Correcto Everet* de Nueva York. Era algo de tan malo, que lo confieso sin rubor, sentí que mis ojos se humedecian, como si tuviera motivo serio para ello, y las risas de mi hijita de cinco años, me hicieron volver en mí. Mis pobres nervios, despues del gran trayecto recorrido, no podian resistir al humo de los cigarros de los militares que bebian wiskey y brandy, apeñuscados en el gran comedor; era aquello insoportable.

La cama en que pasé, mi primera noche en la Capital de la Union, era malísima; y mi primer pensamiento al empezar el dia, fué procurar otro alojamiento. Debo, sinembargo, consignar aquí la grata sorpresa, que en mi produjo la esquisita cortesía de los Yankees que no bajan nunca una escalera en los hoteles, sin quitarse el sombrero respetuosamente delante de las *ladies*. Esto no lo he visto en parte alguna del mundo.

Gracias á la cooperacion eficaz de un amigo diplomático, tuvimos la suerte de hallar la cosa más rara que á la sazon podia encontrarse en aquella ciudad, atestada de politicians y militares. Tuve la suerte de alquilar una casita, que acababa de dejar con todos sus enseres el general Scott. Largo y lastimoso fuera narrar la lucha descomunal que tuve que sostener con las dos *helps* (ayudantes) femeniles, que allí había dejado el General y que formaban parte de la casa; en otro capítulo me detendré en este tópico, que se presta especialmente para dar una idea de las costumbres norte americanas.

---

162 *Limeña*: persona oriunda de Lima, Perú.

Capítulo VIII

Abraham Lincoln ocupaba entónces la Presidencia; á él incumbia la colosal tarea de defender la Union, de salvar la patria, amenazada por aquellos hijos desnaturalizados, como los Unionistas del Norte, llamaron á los sudistas confederados.

El hombre que debia caer bajo la bala de un demente, pues Booth[163], el actor, no era otra cosa, inició aquella defensa, ó mejor dicho, aquel ataque estupendo con una energía y una seguridad de vistas, que, parecía penetrar ya en esos sobrehumanos horizontes, á los cuales iba pronto á encaminarse.

Los acontecimientos forman los hombres y les hacen desarrollar fuerzas latentes, que en ellos existian ocultas. En una época normal, Lincoln hubiera sido un Presidente como cualquier otro, más honrado y recto, á no dudarlo. Pero estalla la guerra, su personalidad se encumbra, cobra proporciones vastas y la luz del martirio la ilumina.

El sudista Booth, actor malo, desconocido, silbado, concentra todos sus resentimientos de artista envidioso, en un patriotismo feroz, que se

---

163 *Booth*: John Wilkes Booth (1838-1865), actor estadounidense, asesino del presidente Abraham Lincoln.

convierte luego en odio implacable al tirano. Á falta de otra apoteosis, el fanático separatista escoge la del asesinato; y como para él, los aplausos más gratos, son los de la escena, como no hay luz que prefiera al brillo de los oropeles[164] centelleando al reflejo de los quinqués[165], el teatro es el lugar que escoge para herir. Hiere como actor y por la vez primera de su vida, representa bien un papel trágico; éxito que arranca á unos, frenéticos aplausos, y á otros un furor que nada puede igualar. *Sic semper tyranni!*[166] dice el cómico con voz enfática y gesto dramático, al disparar su revolver; y al sangriento episodio que subleva de horror los corazones de los patriotas, Booth le imprime, sin embargo, un sello de ese ridículo, que como un estigma cruel, marca todos los actos del actor *manqué*[167]. Lincoln nada de tiránico tenía, y sin Booth, su figura política no hubiera pasado, es probable, de un nivel que me place llamar *bourgeois*.

Cuando por vez primera ví al Presidente de los Estados Unidos, me chocó la expresion enfermiza de su aspecto. Era alto, muy alto, seco, estrecho de hombros, con tez cetrina[168] y cabellos renegridos, que usaba en extremo largos. Vestia siempre de negro, y su mirada revelaba profunda melancolía, algo como un gran cansancio. Aquella cabeza inclinada, aquel cuerpo desgajado, que recordaba al sauce lloron[169], tenía actitudes, que no carecian de cierta elegancia. Era un extremo serio, y su voz, bien timbrada, no se elevaba nunca, á un diapason alto; ántes se mantenia en las notas graves. Me produjo el efecto de un sér agoviado por un enorme peso; quién sabe si la muerte no vino á libertarle de responsabilidades, superiores á sus fuerzas. No era posible encararse con Abraham Lincoln, por lo ménos en aquella época, sin sentir gran respeto.

La compañera del Presidente[170], formaba contraste con su marido; era una mujer rechoncha[171], en extremo vulgar y antipática, llena de chiches comunes, que se armonizaban perfectamente con su figura pretenciosa y anti–artística; parecia haber monopolizado todo el contentamiento que á Lincoln faltaba.

---

164 *Oropeles*: lámina de latón que imita el oro.
165 *Quinqués*: lámpara de mesa alimentada en base del petróleo y provista de un tubo de cristal que protege la llama.
166 *Sic semper tyranni!*: (lat.) "¡Asi les pasa a los tiranos!".
167 *Manqué*: (fr.) falto de cordura.
168 *Cetrina*: amarillo verdoso.
169 *Sauce lloron*: [sic] sauce llorón; árbol de la familia de las Salicáceas, de seis a siete metros de altura, con tronco grueso, copa amplia, ramas y ramillas muy largas, flexibles y péndulas, y hojas lampiñas, muy estrechas y lanceoladas.
170 *La compañera...*: Mary Ann Todd Lincoln (1818-1882).
171 *Rechoncha*: persona gruesa y de poca altura.

Les visité en la Casa Blanca, sin más título que el de extranjera *distinguida*, pues en ese momento aún no habia llegado á los Estados Unidos el Jefe de Legacion, de la cual era mi marido Secretario[172]. Confieso que tuve pereza de hacer explicar su carácter de *Comisionado especial para estudiar los Tribunales de Justicia*.

Aquel título tan largo, no se prestaba cómodamente á la presentacion. Los espíritus en la Union, estaban en gran efervescencia, y el Yankee, que todo lo acorta y laconiza, no hubiera prestado atencion por ser tan complicado. Bastó un ‹‹Señora García, de Sud América.››

Mrs. Lincoln me acogió con cierta amenidad protectora, y el Presidente, con blandura y distraccion; es posible que aquellos ojos tristes, fijos en un más allá sin límites, no me vieran siquiera.

En los Estados Unidos, el dia primero del año, el Presidente se debe á todos. Desde que dan las nueve de la mañana, recibe á sus Ministros (*Cabinet*) en traje de ceremonia, frac negro y corbata blanca. En seguida llega la Corte Suprema, el segundo Poder y luego el Cuerpo Diplomático, de gran uniforme, encabezado por su Decano. Asisten las damas diplomáticas en traje de paseo, y el ceremonial consiste puramente en el casi silencioso, *shake hands*.

Llegan los carruajes á la verja del *White House*, penetran por la ancha avenida de castaños seculares, sin hojas en esa estacion, y van en seguida á detenerse delante de las gradas de la mansion presidencial. Es ésta, blanca, como lo indica su nombre, rodeada por un costado de columnas de mármol con un perístilo[173] igualmente de blanquísimo mármol. El edificio, un cuadrilátero no muy elevado, tiene dos pisos con grandes ventanas sobre la avenida de Pensilvania, y otras sobre el parque, con vista al rio Potomac. Rodeada por jardines amenos, árboles elevados y coposos, durante la primavera es un sitio encantador, donde no penetra el polvo, ese enemigo terrible de la ciudad de Washington.

No se ve allí nada de oficial que revele la presencia del Jefe del Estado. Parece más bien la mansion de una familia acaudalada[174], pero modesta en sus gustos; reina allí una atmósfera de paz, de bienestar, que no ahuyenta ni turba en su retiro, al sinnúmero de pajaritos que anidan en el parque.

En las ceremonias, dos ugieres[175] vestidos de negro, con una cadena de metal blanco al cuello, abren las portezuelas de los coches, que se

---

172 *Secretario*: Manuel Rafael Garcia, (¿-1887), diplomático argentino, marido de la autora.
173 *Perístilo*: [sic] peristilo; galería de columnas que rodea un edificio o parte de él.
174 *Acaudalada*: rica.
175 *Ugieres*: [ujier]; porteros de estrados de un palacio o tribunal.

deslizan en ese primer dia del año sin ruido, sobre la blanca nieve algodonosa, que cubre con su helado manto los despojados árboles, y el afelpado césped, cambiando totalmente la fisonomía del paisaje.

Toda la ciudad queda envuelta en aquel frio sudario[176], que produce en el espíritu una melancolía profunda y *blanca*, según el decir de un poeta amigo mío.

El vestíbulo está lleno de empleados de los Ministerios, Secretarios del Presidente, amigos de la casa y aún curiosos distinguidos.

El dia primero del año, es dia de efusion y de apretones de manos; no sólo al supremo mandatario se le debe esa atencion; ésta, se extiende igualmente á todos los conocidos, aún los más indiferentes.

De pié en el salon cuadrado, el Presidente, teniendo á la derecha á la Presidenta y á la izquierda su Secretario de Estado, los demas Ministros están en grupo detras, va recibiendo el apreton de mano (*shake hands*) que, simultáneamente vánle dando por orden jerárquico, las diversas Corporaciones nacionales, representadas hasta por sus más modestos oficinistas.

Despues de los diplomáticos de todas categorías, que desfilan por el gran salon rojo, por donde salen á tomar sus carruajes, vienen los Senadores y le siguen los Diputados. Como es de suponerse, teniendo en cuenta el gran número de éstos y demas empleados de las diversas Oficinas, que tienen acceso tambien por su orden, las horas pasan, y el Presidente, que permanece siempre de pié, comienza á sentir el cansancio. Pero en tal dia, el ciudadano que preside los destinos de la gran nacion, debe por fuerza olvidar las flaquezas de su cubierta mortal y sobreponerse á ellas. El pueblo soberano, ese pueblo que le ha puesto donde está, confiriéndole la suprema autoridad, va á exigirle lo único que el Yankee exige de su Jefe una vez al año: el placer de estrechar su mano. Á aquel se le recibe en el salon rojo, el más vasto de la Casa Blanca.

Parece tan modesta, cuanto fácil de ejecutar tal exigencia: tan sólo estrechar una mano, y pasar. Ay! pero, cuando ese apreton de manos se ha repetido, casi sin intervalo, unas dos mil veces, el hombre más robusto, siente flaquear las piernas y desfallecer el brazo, que sostiene aquella tan estrechada mano.

Sólo durante dos horas cesa la ceremonia.

El Presidente y el pueblo comen; la Casa Blanca queda desierta.

---

176 *Sudario*: lienzo que se pone sobre el rostro de los difuntos o en que se envuelve el cadáver; (fig.) nieve.

Pero terminadas esas dos horas de tregua[177], la marea humana vuelve de nuevo á desbordar. Entre las sombras de la noche, se destaca luminosa y á pesar del frio polar que congela rios y canales, el gentío inunda el ancho parque, pisoteando, ensuciando, la alba nieve que borra los senderos. El pueblo está ahí, silencioso, reservado, respetuoso pero implacable. Rústicos obreros, mujeres, niños, pobres en mangas de camisa, inmigrantes desgreñados y sucios, penetran en el lujoso entapizado salon; todos estrechan aquella mano simbólica, que dirige los destinos de la Union.

Cuentan que Lincoln tuvo la idea, y la puso en práctica, de hacerse construir un brazo articulado[178], como sólo se ejecutan en los Estados Unidos, para usarlo en la recepcion de la noche. Esos brazos tienen una mano tan perfecta, que pueden tomar un alfiler de sobre una mesa.

En la recepcion nocturna que dura hasta media noche, nunca hay música, ni dentro ni fuera de la Casa Blanca; reina el más completo silencio, á pesar de la aglomeracion de gentes. Es la fiesta de la democracia sajona, sin efusion, sin entusiasmo, sin alegría. Imágen del deber, del patriotismo escuálido, que representa un amor á las Instituciones, formado más bien de raciocinio que de ternura.

En la noche no concurren generalmente á la Casa Blanca gentes de la sociedad, salvo los curiosos, que por una vez sola, se atreven á desafiar las apreturas del pueblo Soberano.

En ese dia, la costumbre exige que las señoras se queden en sus casas á recibir visitas, y que el elemento masculino, recorra las de sus amigas, para darles el consabido apreton de manos y tomar la indispensable copa de *egg nut*[179], (ponche de huevo y nuez moscada,) sin el cual el *shake hands* perderia toda su eficacia.

Dejo á pensar, en qué estado se pondrán las cabezas de los visitantes, luego que han recorrido una docena de casas; y quién en la Union, donde hay tanta facilidad para visitar, no tiene por lo ménos, derecho á penetrar en tal dia en una ó dos docenas de casas? Así que la noche se aproxima, la efusion de los visitantes toma grandes proporciones, y llega un momento en que para evitar accidentes, de un género tan variado cuanto desagradable, no hay más recurso que cerrar la puerta de calle.

Las miss, revestidas con vistosas *toilettes*, emperifolladas[180] é insi-

---

177 *Tregua*: descanso.
178 *Articulado*: postizo, con coyunturas.
179 *Egg nut*: [sic] egg nog; bebida alcohólica con base de huevo y alcohol.
180 *Emperifolladas*: adornadas con profusión.

nuantes más que nunca, ofrecen ellas mismas la copita de *egg nut*, humeante, que sirven de una gigantesca ponchera con honores de palangana[181]: recuerda el tonel de las Danaides[182], al reves.

Ese dia se inician ventajosamente cerca de la clásica ponchera, que despide efluvios alcohólicos irresistibles, las *flirtations* de la estacion; se escoge el *beau* (novio), de broma, bien entendido, al cual incumbe la suprema dicha de ofrecer á su *belle*, ramos de flores, billetes para el teatro, y toda especie de regalitos, pues las muchachas Yankees gustan de practicar el adagio que dice: *Les petits cadeaux entretienent l'amitié* [183]. En cambio, el novio baila toda la noche, durante la estacion, con su novia, la acompaña á los paseos, á los teatros, á las visitas, cuándo y cómo quiere, sin tener el inconveniente de soportar ni á papá ni á mamá, que no figuran ni aparecen en sus relaciones con la joven miss. Mi amigo Eduardo Davison, que por tantos años fué Consul Argentino en Nueva York, pretendia que la *flirtation* es una institucion benéfica y como tal tiene derecho á un capítulo por separado, que oportunamente vendrá.

---

181 *Palangana*: fuente en forma de taza, de gran diámetro y poca profundidad, en la que se vierte bebidas para servir.

182 *Tonel de Danaides*: barril de agua sin fondo el que, según la mitología griega, fueron condenadas a llenar las Danaides, las hijas del rey Dánao debido a que asesinaron a sus esposos.

183 *Les petits cadeaux...*: (fr.); "los pequeños regalos mantienen las amistades".

Capítulo IX

La guerra que se iniciaba en los Estados Unidos, llamaba la atencion de los Europeos, no sólo por los inmensos aprestos bélicos, que por una y otra parte se hacian, sino por venir, hasta cierto punto, á demostrar la ineficacia de las instituciones democráticas. Tal era, por lo menos, el pensamiento de los estadistas Europeos. Los republicanos del Mundo Viejo, deploraban aquella escision en un cuerpo, al parecer tan robusto y sano, como la Union Americana. Los sostenedores del trono aplaudian y esperaban la gran disolucion del coloso, que durante medio siglo, habia causado asombro, y aún inquietud, inquietud moral, bien entendido, á los mantenedores de la vieja tradicion realista.

Todos sabemos, cómo se terminó la titánica contienda, y el lustre que las Instituciones republicanas han cobrado desde entónces.

El Sud debia asombrar por su constancia, su heroísmo, la pericia de sus Jefes, demostrada en esa serie de hechos de armas, tanto en tierra como en el mar, entre los cuales han quedado en lo más alto los hombres de Maury[184], Bauregard, Lee y Davidson[185].

El Norte á su vez, acumulaba los elementos de destruccion, con un lujo de inventiva[186] sin ejemplo en los anales de guerra alguna. Reunida una masa de hombres que por su magnitud recuerda los ejércitos asirios y persas, derrama el oro á torrentes y se propone sacrificar, si es necesario, en defensa del gran pacto político amenazado, pues la emancipacion de los negros no viene en realidad sino en segundo término, hasta su último dollar. Los *green backs*[187] hacen su aparicion entónces y la deuda del Norte asciende de improviso á sumas colosales. El práctico Yankee comprende que, ha llegado el momento de sacrificar el todo por el todo, y no retrocede ante nada.

Conjuntamente con nosotros, llegaron á los Estados Unidos los Príncipes de Orleans, Luis Felipe[188], Conde de París, y su hermano Roberto[189], Duque de Chartres, que venian como voluntarios, á tomar servicio en el ejército del Norte. Esos Príncipes, ambos muy jóvenes, hijos del malogrado Duque de Orleans, nietos del Rey Luis Felipe[190], y el mayor heredero del trono de Francia, habian sido educados en el destierro, en Inglaterra, por su madre la Duquesa de Orleans, Condesa Elena de Mecklemburgo[191], una de las princesas más distinguidas por su carácter, su gran corazon y su instruccion vastísima.

En casa del Ministro del Brasil, conocí á los Príncipes. El de Joinville, casado con doña Januaria del Brasil, acompañaba á sus sobrinos; y el representante del Imperio, debia naturalmente hacer los honores de *Yankeeland*, al consorte de la hermana de su soberano. Esta cir-

---

184 *Maury*: Matthew Fontaine Maury (1806-1873), oceanógrafo, meteorólogo, cartógrafo y comandante de alta mar estadounidense de origen virginiano. Renunció a su cargo militar en la Unión de Estados Americanos al comienzo de la Guerra de Secesión y aceptó el grado de comandante marino en las fuerzas sudistas.

185 *Davidson*: John Wynn Davidson (1824-1881), general estadounidense quien, a pesar de su nacimiento en el estado de Virginia, parte de la Confederación de Estados Americanos, comandó tropas unionistas durante la Guerra de Secesión. Nota de editor: se trata de un error de la autora.

186 *nventiva*: imaginación.

187 *Green backs*: término utilizado en la época para cierto tipo de dólar estadounidense sin respaldo de oro o de plata.

188 *Luis Felipe*: Louis-Philippe Albert d'Orléans, Conde de Paris (1838-1894), historiador, periodista y demócrata, luchó con al grado de capitán bajo el comando del general George McClellan durante la Guerra de Secesión de Estados Unidos.

189 *Roberto*: Robert d'Orléans, Duque de Chartres (1840-1910), militar francés, luchó a favor de las fuerzas unionistas en la Guerra de Secesión de Estados Unidos y, posteriormente, en la Guerra Franco-Prusiana como miembro del ejército francés.

190 *Rey Luis Felipe*: Louis-Philippe (1773-1850), rey de Francia de 1830 a 1848, conocido por su pensamiento liberal.

191 *Elena de Mecklemburgo*: Hélène Louise Elisabeth de Mecklemburg-Schwerin (1814-1858), duquesa de Orleans y esposa de Ferdinand-Philippe (1810-1842), príncipe real de Francia.

cunstancia, creaba ciertas dificultades al diplomático imperial. Dificultades político–sociales, que asumen á veces proporciones vastas, para ciertos espíritus estrechos.

El monarca de Tullerías[192], podia formalizarse y reclamar por aquella amistosa cordial acogida, hecha á la destronada dinastía; y el Brasil, á pesar y sobre todo, á causa de su doble alianza de familia con los de Orleans, hallarse en un conflicto. Las monarquías pasan á cada instante por percances de esa magnitud, y sus representantes, no omiten detalle, por nimio que parezca, al dar cuenta á sus jefes de lo ocurrido en casos análogos. ¿Será esta la razon por la cual, en general, los diplomáticos Europeos tienen cierta tendencia marcada á la pomposidad un tanto frívola? Bien pudiera ser.

Qué malos ratos sufria en aquel salon diplomático, en tan críticos momentos, mi amigo de Geoffroy, orleanista por su familia y á la sazon representante del Imperio bonapartista![193]

Se pasaban allí horas muy gratas; pero el reverso de la medalla, era el trayecto que debia recorrerse para llegar hasta la hospitalaria mansion. Aunque situada ésta á corta distancia de la avenida de Pensilvania, era forzoso cruzar barriales[194] atroces, hundirse en pozancones[195] hondísimos, donde las ruedas de los coches se enterraban y á veces se corria el peligro de tener que abandonar en brazos salvadores, cuando habia quien lo hiciera, al prisionero vehículo, á trueque de ó no llegar, ó enlodarse hasta los ojos.

‹‹Buen viaje,›› era la expresion con que nos despediamos á la puerta, de la Legacion Brasilera.

Madame Lisboa, era en esa época una de las estrellas del cielo diplomático; brillaba por su belleza un tanto *sur le retour*[196], su elegancia incontestable, su amabilidad algo ceremoniosa y ese no sé qué tan atractivo de las brasileras, cuando son bonitas, mezcla de indolencia en las actitudes y vivacidad en la mirada. El *hight life* se daba allí cita.

Las reuniones de la Legacion brasilera, eran muy animadas y un tanto artísticas. Una de las niñas cantaba con cierta gracia, y la otra hermana, la preciosa Guagüita, que debia morir en sus primeros abriles, pintaba, y encantaba con sus hechizos. Se bailaba, se charlaba,

---

192 *Tullerías*: antiguo palacio de París planificado por Catarina de Médici. Aunque se inició su construcción en 1564 el palacio recibió poco uso real hasta 1789 cuando el rey Luis XVI debió mudarse a París de Versalles al comienzo de la Revolución Francesa.
193 *Bonapartista*: referente al gobierno de Napoleón III, emperador de Francia.
194 *Barriales*: pozos de barro o arcilla.
195 *Pozancones*: zanjones.
196 *Sur le retour*: (fr.) de regreso; (fig.) de estilo clásico.

se tocaba y se cantaba. Algunos aplausos de dilletanti[197] distinguidos, como mi amigo Blondel, el viejo Ministro de Bélgica, han hecho palpitar allí dulcemente mi corazon.

Vestidos con el sencillo uniforme de capitan del ejército de la Union, *captain* París y *captain* Chartres, valsaban, polkaban que era un gusto, y alegraban la reunion con su buen humor, especialmente Roberto, el menor, que reflejaba en su fisonomía toda la pillería del *gamin*[198] de París, de ese París, que no conocia ni él, ni su hermano Luis Felipe. Creados ambos con cierta sencillez relativa, pues sus alianzas con casi todos los soberanos del mundo, les habian familiarizado y acostumbrado á la etiqueta de las Cortes, más de una vez por su *laisser aller*[199] chocaban y escandalizaban al ceremonioso representante del Imperio brasilero.

Algunas miradas severas dirigidas por el finchado[200] hidalgo, me han valido, las brechas al ceremonial, que *Sus Altezas* hacian, en favor de una *simple Secretaria de Legacion de una República de nada*, como el Plenipotenciario[201] brasilero, me llamó un dia, delante de un chismoso colega, que se apresuró naturalmente á repetirme la expresion. Era yo joven entónces; confieso que me reí de buena gana, y, lo que es peor, no me enmendé; que en realidad nada de deslumbrante, sino de amable y sencillo tenian para mí aquellos descendientes del galante Enrique IV[202].

Muchas veces el Conde de París se me acercaba y me decia: *No bailemos esta polka, conversémosla; Vd. me contará á París.*

Y yo le hablaba de los teatros, de los boulevares, de los Campos Elíseos[203], del bosque de Boulogne[204], y él me escuchaba *ravi* (encantado), según su expresion. En una ocasion, me pidió le narrara algo sobre Tullerías; yo lo hice sencillamente, pintándole con toda franqueza, aquel lujo, aquel boato[205] y sobre todo el gran realce que á la

---

197 *Dilletanti*: (ital.) conocedores (en términos de sociedad y cultura).
198 *Gamin*: (fr.) niño callejero.
199 *Laisser aller*: (fr.) soltura.
200 *Finchado*: engreído.
201 *Plenipotenciario*: embajador.
202 *Enrique IV*: Enrique IV de Francia y III de Navarra (1553-1610), rey de Francia entre 1589-1610, conocido por su calvinismo.
203 *Campos Elíseos*: (fr.) Champs-Elysées; la avenida mayor de París que se extiende del Arco del Triunfo hasta la Plaza de la Concordia. Parte del eje histórico de París, en ellla se encontraba –en la época de la autora– cafés, restaurantes, teatros, tiendas de lujo y grandes almacenes.
204 *Bosque de Boulogne*: parque situado al oeste de París, reconocido como tal a partir del año 717.
205 *Boato*: ostentación.

pompa imperial prestaba, la belleza de la Emperatriz Eugenia[206], entónces en su apogeo. El Conde no perdia una sola de mis palabras, y parecia oirlas con sumo placer, á pesar de la penosa impresion, que el desterrado del palacio de sus abuelos, debia indudablemente experimentar, al relato de tales fiestas.

Alguna vez le mostré mi extrañeza á ese respecto, y su respuesta tan sencilla cuanto patriota, fué: *Madame, n'oubliez pas, qu'avant tout, je suis Français*[207].

Desde esa época, el Conde de París y yo nos hicimos muy amigos, amistad seria que ha persistido, á pesar del alejamiento. Cuando le volví á ver en París, durante la presidencia de M. Thiers[208], me presentó á la Condesa de París y á sus preciosos hijitos. Aquí, en el Plata, no hace mucho, he recibido una carta suya muy expresiva sobre mis CUENTOS[209].

Los Príncipes permanecieron en los Estados Unidos poco más de un año, batiéndose como ciudadanos Norte americanos, y haciéndose notar y aún admirar del Yankee, poco amigo de reconocer superioridades, por su obediencia á la disciplina y la serenidad de su actitud ante el enemigo.

El Conde de París ha escrito sobre la campaña del Norte, una obra muy completa, sensata y voluminosa, acompañada de mapas y planos tomados sobre el terreno. Este trabajo, que ha sido muy aplaudido, revela aptitudes militares sérias en el nieto favorito de Luis Felipe. Tengo esa obra, que me fué regalada por su autor, y de la cual se tiraron pocos ejemplares.

Las Norte americanas son muy entusiastas por los príncipes; y en esa tierra clásica de la igualdad, he visto hacer á las damas, en favor de los felices mortales que poseen título, demostraciones, no sólo excesivas, sino inusitadas en los países monárquicos. El elemento masculino no procede de igual suerte; ántes, muestra cierto desden digno y un tanto irónico, á los vástagos[210] de familias nobles que á América llegan, ya en el Cuerpo Diplomático, ya como viajeros. Estudiando el por qué, pu-

---

206 *Emperatriz Eugenia*: María Eugenia Ignacia Agustina Palafox de Guzmán Portocarrero y Kirkpatrick, condesa de Teba (1826-1920), emperatriz consorte de Francia nacida en Granada, España, y esposa de Napoleón III, emperador de Francia.
207 *Madame...*: (fr.); "Señora, no se olvide que ante todo, soy francés".
208 *M. Thiers*: Louis Adolphe Thiers (1797-1877), historiador y político francés, después de la caída del Segundo Imperio se convirtió en jefe del estado francés, ordenando la supresión de la Comuna de París (1871). Gobernó bajo el título de presidente provisional de 1871 a 1873.
209 *CUENTOS*: Colección de cuentos infantiles de la autora, publicada en la editorial "De la República" (Buenos Aires) en 1880.
210 *Vástagos*: descendientes.

diera descubrirse, quizá, algo que se relacione más con un sentimiento que prefiero llamar humano, por no encontrar otra palabra que mejor le cuadre, que con intolerancia democrática; sea de ello lo que fuera, más me gusta en tal caso la actitud de los hombres que la de las mujeres.

Las muchachas Yankee, de suyo tan expresivas, tan coquetas, tan provocantes, llegan hasta ponerse en ridículo, por su excesiva adulacion y terneza con individuos acostumbrados á la gravedad y etiqueta, que imperan en los grandes centros sociales de Europa, donde, cuanto más encumbrado es el personaje, más reservada es su actitud con los extraños.

Dolor me ha causado alguna vez, ese descoco[211] de criaturas tan preciosas, y en una ocasion levanté yo misma por un brazo, á la hija de un General, que estaba arrodillada en mi salon, delante de un Conde Ruso. Es de notarse, que la concurrencia era numerosa. Qué pedia tan humildemente la joven *miss*? Puramente un nocturno de Chopin[212].

---

211 *Descoco*: excesiva osadía en palabras y acciones.
212 *Chopin*: Fryderyk Franciszek Chopin (*Frédéric François Chopin* en francés; 1810-1849), célebre compositor y pianista romántico, de origen polaco.

Capítulo X

La Capital de la Union, era en ese tiempo considerada por los diplomáticos, una especie de destierro; y á decir verdad, no les faltaba razon, si bien á pesar de los grandes cambios que se han verificado en ella, durante los últimos doce años, los Agentes Europeos, y aún los Americanos, no se abordan nunca en la *Pensilvania* (el nombre de avenida se suprime), el paseo obligatorio de los desterrados, sin exclamar: *Cuándo dejaremos esta horrible ciudad!*

Con calles anchísimas, en las cuales el empedrado y las casas brillaban por su ausencia, el aspecto que presentaba Washington al comenzar la guerra de *secesion*, es decir, sesenta años despues de haber sido construido el pomposo Capitolio, era desolador. Entre casuchas de madera, habitaciones de negros, pues debe recordarse que el Distrito de Colombia, federalizado para hacer allí la Capital, está en la Virginia, y que en las Virginias abunda la raza negra, se elevaba como vergonzante una que otra *mansion* de piedra chocolate, propiedad de algún rico *politician*, que compró el terreno por una miseria, ó lo obtuvo por algún otro medio. Monumentos públicos no habia, tráfico comercial tampoco; que aquella ciudad era puramente habitada por los empleados nacionales. Veíanse militares que galopaban sin cesar de un lado á otro de la desierta Capital, y prestaban, con el brillo de sus galones, más o menos relucientes, y el agudo sonido de sus cornetas, cierta animacion á la mústia silenciosa ciudad de los politiqueros, convertida á la sazon en campamento.

Tramways no habia, y el único medio de locomocion, consistia en unos ómnibus pequeños, sucios, medio ladeados, arrastrados penosamente por caballos hambrientos y pelechados[213], que causaban compasion. Los coches de alquiler eran de la misma fuerza.

En las ciudades donde no hay comercio, se ve poca gente por las calles; parecen inhabitadas, especialmente, cuando como en Estados Unidos, siempre las puertas permanecen cerradas. Nadie tenía entónces allí carruaje propio, con excepcion de un landó[214] bastante viejo y feo, perteneciente al señor Lisboa, representante del Brasil. Lincoln no salía nunca en coche, era gran caminador.

Reinaba el fastidio como soberano absoluto. Y como no habia paseos, aunque los alrededores sean pintorescos, el mal estado de los caminos los hacia inabordables; ya puede juzgarse lo que éstos serian, por lo que antes dije de sus calles.

La prosa más desoladora, ha presidido á la nomenclatura de esas calles. Las unas tienen nombres de números, y las otras de letras; yo he vivido en la calle Y. Esto puede ser cómodo, por la combinacion que se hace luego con las decenas, para dar idea de la altura á que se halla una casa en el *Block*, aquí lo llamamos manzana; pero, es de una monotonía desesperante.

En Nueva-York usan el mismo procedimiento, *práctico* no lo niego, pero feísimo.

Confieso que el fastidio no tardó en apoderarse de mí, en aquella tristísima ciudad, sin teatros, sin paseos, sin más vida que el ruido de los sables y el relincho de los caballos. Á pesar de las tertulias diplomáticas de la legacion Brasilera, y de la amistad, que algunas personas nos demostraban, hice cuanto pude por alejarme de la Capital de la Union é irme á Filadelfia, la ciudad de los cuákeros.

Á poca distancia de Washington, despues de haber recorrido un

---

213 *Pelechados*: con gran pérdida de pelambre.
214 *Landó*: coche tirado por caballos de cuatro ruedas, con capotas delantera y trasera, para poder usarlo descubierto o cerrado.

camino, que nada de pintoresco tenía, llegamos á un sitio encantador: era el puente suspendido sobre el Susquehannah, uno de los ríos más bellos de los Estados Unidos y cuya anchura y extension son considerables. Éste desciende de los montes Alleghany, atraviesa el Estado de Pensilvania, entra luego al Maryland y cae en seguida en la bahía de Chesapeake.

El efecto que producia ese puente tan ligero, que parecia de hilo y obra de las arañas, era mágico. Temblaba bajo el peso de la mole andante, como un ser animado; el agua que por todos lados lo rodeaba, producia una sensacion penosa, á pesar de la gran belleza de aquella masa líquida, donde se reflejaba un cielo azul y despejado. Poco tiempo despues, los sudistas cortaron ese puente, causando la destruccion de dos regimientos unionistas.

El ferro carril, al llegar á la estacion de Baltimore, se detiene, tanto para dejar pasajeros, como para cambiar de medio de locomocion. La máquina se desprende, y los caballos la reemplazan, hasta atravesar la ciudad, donde vuelve de nuevo á engancharse otra locomotora. Esas locomotoras tan preciosas y coquetas, que hacian las delicias de mis chiquitines, sobre todo el *cow catcher*, especialidad norte americana. En éste un gran enrejado movible, en forma de abanico abierto, colocado debajo de la máquina, que sirve para apartar y recoger los objetos de la via, por grandes que sean; en prueba de ello, su nombre: *recoje vaca*. En una ocasion, al llegar á la estacion de Baltimore, el conductor se encontró con una negrita, que había sido recogida por el *cow catcher*; sabe Dios donde, y que se hallaba ilesa.

En ese mismo viaje, ví algo que conmovió profundamente mi corazon materno. Era un niño como de ocho años, vestido modestamente, pero con aseo, que recorria de un lado á otro el wagon, para ir con los demas niños, á abrir la canilla colocada en un rincon por donde corre generosamente un chorro de agua helada. No hay peligro de sufrir sed un instante en los wagones americanos, y los niños usan y abusan de tan generosa cuanto útil *institution*.

El niño en cuestion, llevaba colgado al cuello un gran cartel de carton con estas palabras: *Este niño va á Nueva York en busca de su padre, se le recomienda á la benevolencia de los viajeros y del conductor*. Preguntando yo á éste, si la criatura aceptaría una limosna, me contestó expresivo: *Oh! no!* Insistí para saber cómo se terminaria el incidente, y el conductor me dijo con su flema sajona: *Ya vendrán por él*. Viendo que la cosa le parecia muy natural, cesé de interrogarle, y una señora, que habia oido mis preguntas y comprendido mi interes, me dijo: ‹‹Esto es usual. Vd. como extranjera lo ignora.

Confieso que durante la travesía que sólo duró tres horas, más de una vez mis ojos se volvieron cariñosos hácia el niño del cartel, mis chiquitines le dieron *plenty candies* (muchos dulces), y al bajarme en Filadelfia, á pesar del oh! no! del conductor, puse en la manecita del joven viajero un dollar y en su frente rubia un beso. El niño me sonrió agradecido, y los mios no cesaron durante algunas horas de repetirme en todos los tonos: *Habrá encontrado á su papá el muchachito?* Yo les contestaba; *Sí!* Pero sin tener seguridad de lo que afirmaba. Llegar solo á una ciudad tan populosa como Nueva York, es algo de triste para un hombre; cuánto lo será para un pobre niño!

El silbido de la locomotora que se alejaba en direccion á la vasta metrópoli, resonó en mi oido como un lamento infantil, y fué con esta penosa impresion, que penetré en la ciudad, que debe su nombre al filántropo Guillermo Penn.

Capítulo XI

Montesquieu[215] llamó á Penn, fundador de Pensilvania, el moderno Licurgo[216]. La vida de este hombre ilustre, ofrece un ejemplo constante de virtudes.

Con una caballerosidad digna de los héroes del Tasso[217], trató Penn á esas tribus salvajes, dueñas de la Pensilvania, cumpliéndoles siempre fielmente la palabra empeñada, en los muchos pactos que con ellos celebró. Los indios lo adoraban, y todos los sectarios religiosos fueron bien acogidos por él. La intolerancia católica de su padre, que de la casa paterna le arrojara, por haber el jóven Guillermo abrazado el protestantismo durante su viaje á los Países Bajos[218], le enseñó sin duda á ser tolerante, *non ignora malis mísero socorrere disco*[219], como decia la reina

---

215 *Montequieu*: Charles Louis de Secondat, señor de la Brède y barón de Montesquieu (1689-1755), gran filósofo francés y precursor del liberalismo filosófico.
216 *Licurgo*: (*circa* 600 a. de C.), legendario legislador de Esparta, a quien se le atribuyen las leyes y la constitución de dicha localidad.
217 *Tasso*: Torquato Tasso (1544-1595), poeta italiano conocido por su poema épico *Jerusalén liberada* (1575) que trata —en plena época de la Contrarreforma— la reconquista de Jerusalén por parte de los cristianos.
218 *Países Bajos*: Holanda.
219 *"Non ignora malis..."*: (lat.), célebre frase de la Eneida (I.630), "Sin ignorar la maldad, aprendo a ayudar a los desafortunados".

de Cartago[220], al dispensar su hospitalidad al piadoso Enéas[221].

Ántes dije, que el rey Carlos II de Inglaterra, hiciera donacion de la tierra de Pensilvania á Penn; pero, no que fuera para cancelar una deuda de la Corona, que ascendia á quinientos mil francos, suma, que representaba entónces el cuádruple valor que en nuestros días.

Guillermo Penn, era un espíritu de primer órden, una naturaleza superior, que supo elevarse sobre las ideas de su época, descubriendo vastos horizontes filosóficos y políticos.

Abolió la esclavatura en la Pensilvania, y la Constitucion que el Licurgo Americano dio á los colonos, sirvió más tarde de base, para la gran Constitucion de la Union. El fundador de Pensilvania, es una de las figuras más grandes y completas, que se encuentran en la historia de América.

Desde que se entra á Filadelfia, se siente allí la animacion, la vida, que bulle, en los grandes centros comerciales y manufactureros; Filadelfia podria llamarse la ciudad de las fábricas. El aspecto de sus calles es poco atractivo, no obstante ser anchas y rectas, con nombres ménos prosáicos que las de Washington y Nueva York. Se llaman de la Avellana, de la Almendra, de la Nuez, etc.

Los Yankees son nacion poco imaginativa. Las casas tienen una uniformidad de color rojizo bastante feo y una arquitectura, que acusa falta de buen gusto en sus habitantes; se parecen un tanto, á las de Nueva York.

Abundan allí los *squares* con grandes árboles poblados de pajaritos domesticados, y aún de hurones[222], en extremo mansos, que se acercan confiados á jugar con los niños: éstos no los persiguen.

Habiendo preguntado qué orígen tenía tal costumbre, especial á Filadelfia, de crear hurones en las plazas, nadie supo contestarme de una manera satisfactoria.

Como en Nueva York, hay allí muchos monumentos públicos, especialmente iglesias; tanto las católicas, como las protestantes, son góticas y carecen de mérito arquitectonico.

---

220 *Cartago*: ciudad antigua en el norte africano, actualmente parte de Túnez. Según la historia, fue fundada por Elisa o Dido —hermana de Pigmalión, rey de Tiro— en 814 (a. C.).

221 *Enéas*: héroe de la mitología latina basado en el héroe de la Odisea descrito por Homero. Según la mitología griega, era hijo de Anquises, un príncipe troyano, y de Venus, la diosa del amor.

222 *Hurones*: (*Mustela putorius furo*) pequeño mamífero carnicero de unos 20 cm de largo desde la cabeza hasta el arranque de la cola, la cual mide 10 cm aproximadamente. Tiene el cuerpo muy flexible y prolongado, la cabeza pequeña, las patas cortas, el pelaje gris rojizo.

Visité la Casa de Moneda, única en la Union, y ví acuñar esas lindísimas y correctas monedas de oro y plata, que por un lado ostentan la elegante águila americana, de alas desplegadas, y por otro el constelado escudo. Así que se hallan terminadas, tienen que ser pulidas, bruñidas mejor dicho, y esta operacion final la ejecutan mujeres. Mágico era el espectáculo que presentaba aquel vasto salon. Oro, oro, plata, por todos lados, con fantástica profusion. Sobre grandes bandejas, veíanse apiñadas las medias–águilas, las águilas y las doble–águilas, que bruñian una por una las obreras, con grandes badanas[223]. El sonido metálico que al chocarse producian, tenía algo de musical. Aquel oro rubio, rutilante, deslumbraba y recordaba la fábula del rey Mídas[224], que convertia en oro cuanto tocaba. Habia tanto, que por su gran abundancia, á mí, por lo ménos, me parecia perder su carácter de medio para comerciar. En la retina se producia algo, parecido al deslumbramiento que causa la luz del Sol cuando se mira con fijeza; encontré mucha semejanza entre el gran astro, centro del movimiento planetario y aquella masa metálica. Los Griegos representaban al Sol con cabellera de oro; no se equivocaban, el símbolo de atraccion es perfecto.

Cada una de esas águilas parecia una joya preciosa, y su valor intrínseco se olvidaba, al admirar su belleza artística. Pregunté si no habia ejemplo, que desaparecieran algunas monedas. *Imposible*, fué la laconica respuesta, y hube de contentarme con ella.

La plata es, indudablemente, muy inferior al oro como belleza; al lado de las águilas, los dollars parecian pálidos, descoloridos; y confieso que á mí me hicieron más efecto de moneda circulante.

La Biblioteca–Museo, fundada por Franklin[225], posee, además de sus millares de volúmenes, preciosas colecciones de grabados, dibujos y mapas. Allí admiré la gran obra de Audubon[226], el ornitologista, trabajo admirable por la belleza de sus planchas coloreadas, que parecen haber sorprendido infraganti[227] el secreto de la naturaleza, y por el mérito especial de su texto. Michelet[228] en *L'oiseau*, cita de continuo á Audubon.

---

223 *Badanas*: tiras de piel curtida y fina de carnero u oveja.
224 *Midas*: rey de Frigia en la mitología griega, capaz de convertor todo lo que tocara en oro.
225 *Franklin*: Benjamin Franklin (1706-1790), científico, inventor, diplomático y político de Estados Unidos, conocido como unos de los fundadores del país.
226 *Audubon*: John James Audubon (1785-1851), célebre ornitólogo, pintor y naturalista de origen franco-estadounidense.
227 *Infraganti* [sic] (lat.) in fraganti; en el mismo momento en que se está cometiendo un delito o realizando una acción censurable.
228 *Michelet*: Jules Michelet (1798-1874), historiador francés y autor de *L'Oiseau* (1856), una obra sobre la historia natural.

Audubon era Francés, pero los Americanos lo reclaman como compatriota, y pretenden que tanto éste, con Agassiz [229], el naturalista, deben ser Americanos, puesto que son ciudadanos de la Union. El argumento es especioso, mas no carece de lógica, y ofrece ademas, ventajas á las nacientes naciones del Nuevo Mundo.

La Universidad, fundada en 1755, vasto edificio gótico, llama la atencion por la altura de sus torres; los estudios que allí se hacen son tan clásicos, tan profundos cuanto los de Boston; pero la rivalidad, más acerba, existe entre la Universidad de Boston y la de Pensilvania. Ambas tienen sus sectarios y sus detractores furibundos. Ardua por demas es la tarea, para que yo emprenda dar una opinion sobre el mérito especial, de cada uno de esos centros de la humana ciencia. En Inglaterra, Oxford y Cambridge, son igualmente Universidades rivales, que cuentan con adeptos apasionados y aún rabiosos. Las rivalidades académicas, que desde los tiempos aristotélicos dividen la humanidad en dos campos, son quizá más terribles que las amorosas. Lástima es que Shakespeare, no haya pintado el tipo del Otelo universitario.

Filadelfia es sede de Corte Suprema y Obispado católico y protestante; despues de Nueva York, es la ciudad en que hay más variedad de sectas religiosas: esto se debe á la liberalidad de su fundador.

Posee una Escuela de Medicina en extremo renombrada; grandes hospitales, y el de la Marina, el más afamado de los Estados Unidos. Establecimientos tipográficos de vastas proporciones, y sus librerias lujosísimas, que rivalizan con las de Nueva York y Boston. Su penitenciaria celular, una de las primeras del mundo, se cita siempre. Recuerdo con amargura, no obstante, estas palabras de su Gobernador: *Los casos de reincidencia son aquí numerosos*. El corazon se oprime al pensar en el terrible problema social, que tal expresion encierra, y el espíritu se contrista al recordar esa horrenda y fatal necesidad de las sociedades, que se llama la pena de muerte.

En el comienzo de la guerra, la alta sociedad filadelfiana, era casi toda sudista; y aquellos que no tenian en realidad opinion decidida, no perdian ocasion, sinembargo, de decir á los extranjeros: *Oh! Sólo en el Sud existe la verdadera elegancia*. Parecia este dicho ser como un exponente de buen gusto, de refinamiento, y quizá lo era: es decir, que la

---

229 *Agassiz*: Jean Louis Rodolphe Agassiz (1807-1873), naturalista y geólogo suizo-estadounidense, experto en el estudio comparado de la ictiología y el análisis del movimiento de los glaciares.

moda consistía entónces, para los elegantes, en ser sudista, ó si se quiere, que los sudistas, habiendo hasta entónces, empuñado el cetro de la elegancia, no lo habian cedido aún, á esas nuevas capas sociales, que surgieron más tarde con su ruina.

Notable cultura de maneras, elegancia y riqueza, observé en aquel centro de familias acaudaladas, que formaban el núcleo del *high life* filadelfiano.

Asistí á un concierto en casa del Consul Francés, Mr. Foret, casado con una señora de Filadelfia; y sólo entónces, tuve ocasion de apreciar las grandes dotes sociales de las damas de la Union. La ejecucion musical fué perfecta; casi todos los *dillelanti* sobrepasaron aquel ideal musical, que yo me habia formado con relacion á la raza sajona.

La dueña de casa, ejecutó con rara maestría la rapsodia de Liszt[230], la gran polonesa de Chopin; dos hermanas preciosísimas, que nunca habian salido de Filadelfia, cantaron con suma correccion, el duo del segundo acto de Norma[231], y una dama Inglesa vocalizó como *Jenny Lind*[232] el aria del *Flauto mágico*[233].

Debo confesar, que mis ideas respecto á las dotes musicales de los Sajones, eran entónces otras, y que, ni en Italia, he oido cantar mejor por aficionados. En la tierra clásica de la música, hay muchos cantantes: quién no canta en Italia! En esa Lengua que por sí sola es música! Pero, no por eso, la perfeccion se encuentra allí con mayor frecuencia, que en otra parte, entre los aficionados.

Sabido es que como masas corales, los Alemanes dejan muy lejos á los Italianos. Esta propension innata en esas dos razas, puede bien explicar la índole de sus respectivas músicas. El Italiano triunfa en la *canzonetta*[234], la melodía; y el tudesco armoniza en sus coros, sintetiza su pensamiento musical.

Qué lujo de trajes, de galas, el de las damas de Filadelfia! Desde que se abria el gran comedor del hotel, aparecían éstas vistosamente ataviadas. En pintoresco conjunto, veíanse allí todos los colores, especialmente los claros. Segun mi apreciacion, la mujer Yankee, es una

---

230 *Liszt*: Franz Liszt (1811-1886), pianista y compositor húngaro-austríaco de la época romántica de la música clásica conocido por su aporte a la música, el poema sinfónico.

231 *Norma*: ópera en dos actos de Vincenzo Bellini estrenada en 1831 cuyo papel de soprano es considerado uno de los más desafiantes de su género.

232 *Jinny Lind*: Johanna Maria Lind (1820-1877), cantante de ópera sueca.

233 *Flauto mágico*: [sic] La *flauta mágica*, (*Die Zauberflöte* en alemán), una ópera de índole popular compuesta por Wolfgang Amadeus Mozart (1756-1791). El aria mencionado es el de la Reina de la Noche, una composición musical en extremo desafiante.

234 *Canzonetta*: composición vocal de naturaleza popular y secular, que se origina en Italia alrededor de 1560.

de las más bellas del mundo, hasta los veinticinco años; pasada esa edad, pierde la frescura de la tez y la gracia de las líneas, por el enflaquecimiento: todo lo contrario de lo que ocurre en nuestra raza, donde las mujeres se enfeecen por exceso de desarrollo.

Mi sorpresa, al ver llegar á esas elegantes á la mesa del almuerzo, cubiertas de joyas, no tuvo límites. Medallones, zarcillos, brazaletes, cadenas, relojes, anillos relucientes, nada les faltaba, finos ó falsos, alternando los brillantes, con los diamantes de Alaska, que no son sino vidrio preparado, segun tengo entendido, y no engañan á nadie.

Con el sombrerito coqueto, el triunfo de la Yankee, y el traje muy corto, en extremo corto, adelantándose á la moda reinante entónces en París, llegaban, se sentaban en la mesa, almorzaban con apetito yankee, bebiendo impunemente en vez de agua, leche, (crema). Piden siempre especialmente *cream*, y luego pasan al *parlor* de las señoras, donde tomar el tramway ó el ómnibus, solas ó en compañía.

Capítulo XII

La mujer americana practica la libertad individual como ninguna otra en el mundo, y parece poseer gran dosis de *self reliance* (confianza en sí mismo).

En los hoteles hay siempre dos puertas, la grande, para los hombres y los recien llegados, y una más pequeña, llamada de las *ladies* y exclusiva para éstas.

Creo haber dicho que un Norte americano, no bajará nunca una escalera ó cruzará un corredor con el sombrero puesto, delante de una señora; conocida ó desconocida. Esta galantería, se entiende hasta el punto de creer, que una dama no debe entrar ni salir por la misma puerta que los hombres, en sitios tan concurridos por toda clase de individuos, como los hoteles. Imagino, que, tal refinamiento de cortesía, habrá de parecer ó exageracion ó lisonja de mi parte, á aquellos que tan injustamente representan al Americano del Norte, como el prototipo de la más acabada vulgaridad.

Yo, por lo que á mí toca, los he hallado siempre muy corteses, suaves de maneras con las mujeres y los niños, y en extremo sensitivos en cuestiones de crítica social. En apoyo de lo que avanzo, citaré el siguiente episodio: Cuando Mrs. Trollope[235], despues de haber viajado por la Union, donde fué acogida con suma amabilidad y aún cierto entusiasmo, por sus dotes literarios, escribia de vuelta á Inglaterra: *Los Yankees son groseros y se sientan con los pies más altos que la cabeza*. En los teatros, así que alguien se permitia estar ligeramente inclinado, no faltaba un chusco que gritaba: *Trollope! Trollope!* Y al punto el aludido, tenía buen cuidado de poner su cuerpo lo más vertical posible[236].

Verdad es que en los *reading rooms* (gabinetes de lectura), en los *bar rooms*, los Yankees gustan mucho de esa actitud, que consiste en extender las piernas y levantarlas casi á la altura de la cabeza, postura cómoda para los hombres y que tiene, segun lo he oido decir á un médico, cierta influencia favorable sobre el cerebro. Sea de ello lo que fuera, delante de *ladies*, nunca, jamás, un Yankee se permitirá esa libertad, puedo asegurarlo. Habrá, sinembargo, quien sostenga lo contrario, que ciertas preocupaciones hacen camino; pero tales cuentos, pertenecen al repertorio, más ó ménos pintoresco, en que figuran, la navaja en las ligas de las damas Españolas, el traje de colores varios de los Brasileros y el cigarro de las Hispano americanas. En mis viajes, me han repetido sin cesar esta expresion: *Fume Vd., señora; ya sabemos que es costumbre en su país*. Al principio, este dicho me irritaba, lo confieso; pero luego llegó á causarme risa. Oh poder de la costumbre!

Curioso fuera el estudio de las preocupaciones é ideas falsas, que aún conservan las naciones unas de otras, en estos tiempos prácticos, en que Morse[237] y Edison[238] lo van acercando todo. De seguro, con el andar de la electricidad, la parte imaginativa de los individuos perderá un tanto de su brillo; pero, lo que en éste se pierda, será en provecho de la verdad.

En algunas ocasiones he observado, no obstante lo ya dicho, gran desnivel aparente, entre una mujer Norte americana y los hombres.

Parecíame que esas muchachas tan bellas, tan engalanadas, tan ele-

---

235 *Mrs. Trollope*: Frances "Fanny" Trollope (1780-1863), novelista inglesa y autora del tratado sobre los modales estadounidenses, intitulado *Domestic Manners of the Americans* (1832).

236 **Nota de editor**: puede ser que el público en cuestión también haya querido decir "trollop," ya que no hay diferencia de pronunciación, término que quiere decir mujer sucia o prostituta.

237 *Morse*: Samuel Finley Breese Morse (1791-1872), inventor del telégrafo y del código Morse de origen estadounidense.

238 *Edison*: Thomas Alva Edison (1847-1931), importante inventor y hombre de negocios de origen estadounidense.

gantes, que encontraba en los ómnibus, en los vapores, no podian ser hijas ni mujeres de los individuos que las acompañaban, un tanto sencillotes en sus trajes y en sus maneras. Pero este fenómeno suele notarse en nuestro país; así, creo inútil estudiarlo detenidamente, por ahora. Sinembargo, no resisto á la tentacion de decir, que la diferencia es más de superficie que de realidad.

Debajo de la corteza un tanto rústica de esos padres de familia, de esos maridos, que pasan el dia entero, ocupados en ganar el dinero para el hogar, *down town* (la parte comercial de la ciudad), hállase bondad y finura innatas. El Yankee es generoso como pocos; y sus mujeres, sus hijas, no tienen sino manifestar un deseo para que *sea satisfecho*.

Verdaderas máquinas de trabajo, aquellos hombres, al parecer tan interesados, gastan cuanto ganan, para contentar á los suyos. Y esto, qué indica? Es acaso vulgaridad? Todo lo contrario. Que cuanto más refinado es el sentimiento que la mujer inspira al hombre, mayor es la dósis de elevacion que el corazon de éste encierra.

La mujer, en la Union Americana, es soberana absoluta; el hombre, vive, trabaja y se eleva por ella y para ella. Es ahí que debe buscarse y estudiarse la influencia femenina y no en sueños de emancipacion política. Qué ganarían las Americanas con emanciparse? Más bien perderian, y bien lo saben.

Las mujeres influyen en la cosa pública por medios que llamaré psicológicos é indirectos.

En el periodismo, véseles ocupando de frente un puesto que nada de anti–femenino tiene. Los periódicos en los Estados Unidos, el país más rico en publicaciones de ese género, cuentan con una falanje que representa para ellos el elemento ameno. Mujeres son las encargadas de los artículos de los Domingos, de esa literatura sencilla y sana, que debe servir de alimento intelectual á los habitantes de la Union, en el dia consagrado á la meditacion.

Son ellas también las que, por lo general, traducen del alemán, del italiano y aún del francés, los primeros capítulos de los nuevos libros, con que el periódico engalana sus columnas; ellas las que dan cuenta cabal y exacta de las fiestas, cuyos detalles finísimos y acabados llevan el sello del *connaisseur*. Reporters femeninos, son los que describen con *amore* el color de los trajes de las damas, su corte, sus bellezas, sus misterios, sus defectos; y á fe que lo hacen concienzuda y científicamente. Los Yankees desdeñan, y con razon, ese reportismo que tiene por tema encajes y sedas; hallan sin duda la tarea poco varonil. Es lástima que en los demás países no suceda otro tanto.

En ello además, las mujeres tienen un medio honrado é intelectual para ganar su vida: y se emancipan así de la cruel servidumbre de la aguja, servidumbre terrible desde la invencion de las máquinas de coser. Más tarde debia aparecer la mujer *empleado*, ya en el Correo ya en los Ministerios.

Una buena reporter gana en los Estados Unidos de doscientos cincuenta á trescientos duros mensuales.

Merced al frac y á la corbata blanca, penetra el reporter masculino; la gasa ó la muselina abren las puertas de los salones de baile á las muchachas reporters; éstas, por lo general, son jóvenes de dieciocho á veinte años. He visto siempre acoger con gran simpatía, á esa pléyade[239] intelectual en todas partes, y yo tuve gran amistad y aprecio por miss Snead, la primer reporter de la Union. En donde no se encontraba á la aérea y elegante escritora tan alegre y jocosa? Era curioso observarla. Parecia ocupada como las demas muchachas en bailar y en *flirtear*. Pero un solo detalle no se le escapaba, y al dia siguiente su crónica era de seguro la más completa; y casi siempre, por más que esto parezca inverosímil, la más benévola. Indudablemente, la tarea del reportismo concienzudo, ejerce una influencia benéfica en el espíritu de la mujer y ensancha las tendencias más ó ménos estrechas de su carácter y las aleja forzosamente de la crítica envidiosa.

No se crea por esto, sinembargo, que el reportismo femenino se compone puramente de miel y ambrosía. Oh! no! Y algunas veces he deplorado el mal gusto empleado para criticar, ya sea el atavío, ya el físico ó las maneras del desgraciado ó desgraciada, que en la gran falta incurria, de no caer en gracia á la autora de la crónica; pero, este mal no es especial á sexo alguno en ningun país. He leido cosas atroces referentes especialmente al Cuerpo Diplomático, de reporters barbudos ó con tez de rosa. Ese *Corp*, sinembargo, que es para los Americanos el prototipo de la elegancia y del buen tono, servia con frecuencia de blanco á tiros desapiadados; sin duda, á causa del gran ideal que evocaba, eran los reportes de ambos sexos más exigentes con él. El

Sunday Gazette de Washington, solía traer críticas acerbas sobre la mezquindad de la manera de vivir de uno ú otro Representante de naciones de primer órden, entrando en detalles penosísimos, no sólo para la víctima, sino hasta para sus colegas favorecidos. En ninguna parte la prensa trata esas cuestiones diplomático–sociales con mayor desparpajo[240]. Entre nosotros, tales abusos, dieran quizá margen á reclamaciones: en los Estados Unidos nadie puede evitarlos, ni mucho menos castigarlos.

Ha visto Vd. el Opera House? Era la primera pregunta que en Filadelfia me hacian las señoras, y agregaban: *No deje Vd. de admirar el chandelier*; debilidad un tanto provincial era ésta; escusable, sinembargo, pues la mentada araña del teatro es hermosísima y alumbra por sí sola toda la sala muy espaciosa y acústica.

Il Ballo in Maschera[241] horriblemente ejecutado por una compañía de tercer órden, fué el espectáculo á que asistí en Filadelfia. Llegaba yo de París, donde Mario[242] terminaba su carrera musical, con esa partitura, en compañía de la Penco[243]: no es de extrañarse, pues, si la representacion me pareció aún peor, quizá, de lo que en realidad lo fuera. El público, no obstante acogió á los cantantes con especial benevolencia: fueron aplaudidos y hasta *silbados*, que los Yankees para expresar el colmo de su entusiasmo, hacen precisamente lo contrario de los demas pueblos, silban con furor. Prevenidos los artistas de antemano, de esta aberracion, saben á que atenerse, y el odioso silbido, acaricia más bien que hiere sus oídos. La Patti[244] alguna vez me ha confesado el horror que los silbidos le produjeron siempre, á pesar de haber comenzado su carrera, en los Estados Unidos; yo creo que á mí me hubiera sucedido otro tanto: el palmoteo parece signo natural de contento.

Gusta mucho el pueblo Americano de la repeticion de un motivo que ha sido bien ejecutado y lleva su exigencia, á veces, hasta el extremo de pedirlo, de exigirlo cuatro y cinco veces seguidas. Como se supone, la correccion musical nada gana con esos *encores*, pues los Yankees, es la palabra francesa que usan, en lugar del *bis* latino usual en Francia.

---

239 *Pléyade*: grupo de personas famosas, especialmente en las letras, que viven en la misma época.
240 *Desparpajo*: suma facilidad y desembarazo en el hablar o en las acciones.
241 *Il Ballo in Maschera*: [sic] *Un ballo in maschera*, ópera de Guiseppe Verdi estrenado en Roma en 1859.
242 *Mario*: Cavaliere Giovanni Matteo di Candia (1810-1883), célebre tenor italiano. **Nota de editor:** se trata de un error de la autora ya que se retiró de la ópera el cantante recién en 1871.
243 *Penco*: Rosina Penco (1823-1894), soprano italiana.
244 *Patti*: Adelina Patti (1843-1919), distinguida soprano española.

No poca gracia me causó en un teatro de *Minstrels*, (son éstos cantores que se pintan y disfrazan de negros, para cantar y bailar música bufa), ver en los costados del proscenio[245], dos grandes letreros con estas palabras: *No enchores*. Pregunté al amigo que nos acompañaba, y su explicacion despertó en mí tal acceso de risa, que al recordarlo, aún me rio. La *h* que figuraba en medio del *encore* era un presente sajon, hecho á la Lengua de Moliére[246], que hubiera inspirado, de seguro, al autor *des Precieuses ridicules*, alguna chispeante sátira.

---

245 *Proscenio*: parte del escenario más inmediata al público, que viene a ser la que media entre el borde del escenario y el primer orden de bastidores.
246 *Moliére*: Jean-Baptiste Poquelin (1622-1673), dramaturgo, director de teatro y actor francés conocido por su maestría en la composición de sátiras. *Les Précieuses ridicules* es una sátira en un solo acto estrenada en 1659 que trata las costumbres francesas.

Capítulo XIII

Las Norte americanas no se vestían entónces in *full dress*, (traje de baile) para la ópera; así es que el golpe de vista que presentaba en esa noche el gran teatro de Filadelfia, nada de notable tenía.

La mujer Yankee es por lo general más atrayente en *toilette* de paseo, y como lo sabe, evita el escotarse, siempre que es posible. Delgada, muy delgada, generalmente, carece de esa gala escultural, que el traje de baile, forzosamente revela. Se pinta mucho, con exceso, usa y abusa del colorete más que las Francesas, pues el *maquillage* es exclusivo en Francia á cierto nivel social ó á esa edad terrible, denominada en todas las lenguas con el adjetivo benévolo, *cierta*.

Pero en Norte América las muchachas más frescas y hermosas, acuden sin escrúpulo al artificio de los afeites. Fué allí, que por vez primera ví esas cabelleras rubias, producto triunfante de la química, aplicada al embellecimiento.

De los Estados Unidos pasó á París la moda de las rubias artificiales. Las elegantes Romanas de la corte de Augusto[247], hubieran, á no dudarlo, sacrificado todo un rebaño, para obtener de los dioses el secreto maravilloso, que en pocas horas cambia el ébano de una trenza en hilos de oro.

Parece simbolizar ese amor á los cosméticos, este hecho, que ocurre en la Union: los perfumes, las esencias de Atkinson y Lubin, los sachets de Guerlain, la veloutine de Fay, el rouge de Violet, se venden exclusivamente en las boticas. En ninguna parte existe mayor variedad de *blanco de perla, blanco de lirio, blanco de cisne, blanco de Vénus,* y cuantos *blancos* puedan ocurrir á la imaginacion fertilísima de un químico poeta, que en el *drugg store* de los Estados Unidos. Mientras que los gentlemen, apuran el espumante vaso de soda water, que brota ruidoso bajo la reluciente llave, las *ladies* escogen sin misterio alguno, los tintes varios que les faltan para completar su belleza. En el reluciente mostrador de mármol, se confunden, se combinan los afeites, con las píldoras de Holloway y Brandz, y los elixires de Helnold Buchu y Hall.

Los alrededores de Filadelfia son muy pintorescos, y el Parque, en esa época en que el *Central* de Nueva York, era puramente un terreno baldío, en el cual comenzaban apenas los trabajos de nivelacion, se consideraba como el más bello paseo de los Estados Unidos.

Los Norte americanos no tenian en esa época gran lujo de carruajes, segun éste se entiende en Europa. Sus caballos eran de media raza, por no decir ménos, mal enganchados, mal conducidos y con cocheros vestidos sin asomo de elegancia. En cuanto á los coches mismos, dejaban mucho que desear como forma y como *tenue*. Falta en la Union el elemento principal, especial, para conseguir ese lujo de equipajes que es el exponente más expresivo del verdadero lujo: la servidumbre. El dueño no improvisa los sirvientes. En los Estados Unidos no los hay. El criado es allí el *help* (ayudante). Con ayudantes, no se tienen esos coches, esos trenes que encantan al viajero y lo deslumbran en *Hyde park*[248], en el Bois de Boulogne[249] ó en el Prado[250]. El oficio de sirviente, es más complicado de lo que en las Américas se cree, y tanto nosotros como los Yankees, estamos servidos por *aficionados*.

---

247 *Augusto*: Caius Julius Caesar Octavianus (63 a.C.-14 D.M.), el primer y más importante de los emperadores romanos acabó con las guerras civiles existentes antes de su reino dándole una era de prosperidad al Imperio Romano.
248 *Hyde park*: uno de los parques principales de Londres, establecido en 1536, su desarrollo mayor fue a partir de la planificación del parque empezando en la década de 1820.
249 *Bois de Boulogne*: (fr.) Bosque de Boulogne (ver nota anterior).
250 *Prado*: inicialmente un parque ubicado en Madrid, España, luego fue el escenario de la construcción –iniciada por Carlos III– de un Museo de Arte de alcance internacional.

Naturalmente el Girard College[251], ese monumento debido á la largueza póstuma del Banquero que le dio su nombre, fué objeto de una excursion. Vale la pena de hacerla, y por la primera vez de mi vida, al visitar un establecimiento de ese género, sentí algo parecido al deseo de quedarme allí con mis hijitos. Qué Parque tan pintoresco, qué salas y comedores tan espaciosos; todo parece allí grande, generoso, fácil, y lo es, debido al pensamiento inteligente y dadivoso de su fundador, que lo dotó con una renta considerable. El Norte americano sabe ser caritativo mejor que nadie, y, en la Union se hallan á cada paso monumentos de esa clase regalados por particulares.

Abundan las bibliotecas, las escuelas, los hospitales, que no siempre llevan el nombre de quien los instituyó. Esto prueba, que el reproche de vanidad que se ha echado en cara á los filántropos como *Peabody* [252], no es justo.

El acueducto que surte de agua á Filadelfia, que dicen ser obra de ingeniería de gran mérito, tiene un estanque vastísimo que presenta una vista muy pintoresca, con sus elevados muros cubiertos de yedra, que semejan una fortaleza antigua. Recuerdo, sinembargo, el horror que sentí, al pasar por delante de ese edificio cuando un amigo cicerone[253] me dijo: «Hace algún tiempo, habiendo agotado los depósitos del agua, se encontró en uno de ellos el cadáver de un niño de pocos meses: algún infanticidio.»

Tales palabras me produjeron una impresion muy penosa, y confieso me amargaron el paseo, que sin ellas me hubiera dejado grato recuerdo.

Los alrededores son hermosísimos, abundan allí las villas pintorescas y confortables á la vez. Los Norte americanos han heredado de los Ingleses el gusto por la gran hospitalidad señorial, y reciben en el campo á sus amigos, con anchura y cordialidad, como lo hacen los grandes propietarios del Reino Unido. Sí falta á veces la correccion inglesa, en esa tierra democrática, en la cual nadie quiere ponerse una librea[254]; no obstante, la cordialidad, la franqueza, compensan más de un vacío, que se nota por la carencia de criados bien habituados al refinamiento y á las exigencias del *high life* europeo.

---

251 *Girard College*: escuela de internado fundada en 1833 en Filadelfia, Pensilvania, por el banquero franco-estadounidense Stephen Girard (1750-1831) para alumnos intelectualmente dotados pero de bajos recursos.

252 *Peabody*: George Peabody (1795-1869), empresario estadounidense conocido, por su generosidad, como el padre de la filantropía moderna.

253 *Cicerone*: consejero experimentado.

254 *Librea*: traje que los príncipes o señores dan a sus criados.

No puedo prescindir de recordar aquí la respuesta que me dio algunos años despues, un Virginiano, cochero, á quien exigía se pusiera la librea con los colores de la República Argentina: ‹‹Señora,›› me dijo ‹‹yo sé bien que eso no deshonra á nadie; pero soy tan joven... y quién sabe si llego algún dia á ser Presidente... pueden reprochármelo.›› ‹‹Tiene Vd., razon, John,›› le contesté; y tomé un negro.

Pero ¿cómo pensar en Filadelfia sin recordar á mis buenas amigas las Moss episcopales y las Moss judías? En aquellos *homes* hospitalarios he pasado horas inolvidables; con Josefina tan artista, tan alegre, hemos cantado noches enteras, hasta quedar á veces roncas y exhaustas; aquella muchacha tenía el don de interpretar á Gordigiani[255] como la Alboni[256], y, sinembargo, no había salido nunca de los Estados Unidos.

Curiosa era la intimidad y homogeneidad de esa familia, compuesta de elementos tan heterogéneos, al parecer, como cristianos y judíos. Jamas noté, sinembargo, la menor desavenencia entre las primas, y más bien debo, para ser justa, recordar que entre Sister Charlotte y Sister Mary, episcopales ambas, ocurrió una noche, miéntras tomábamos el té, cierta discusion, un tanto ágria. Cuál fué su causa? Los méritos respectivos de un predicador y su rival, recien llegado. Sé que por algunos momentos ví turbada la armonía de aquella reunion íntima, en la cual éramos todas *ladies*; mis amigas, solteronas, habian pasado los cincuenta.

Temblé por el dulce bienestar que disfrutábamos, y gracias, lo confieso sin modestia, á mi *savoir faire*[257] diplomático, la disputa, que tal lo era, cambió de rumbo y pude saborear con delicia mi plato de *peaches* á la Moss, como yo habia bautizado, los duraznos cortados y sopados en leche, con azúcar y canela, que preparaba como nadie Sister Charlotte. Pobres amigas, que tanto me mimaban y festejaban mis chistes, admirando no poco la belleza del *handsome secretary*[258], con esa franqueza y sinceridad únicas en la mujer Norte americana. Franqueza y espontaneidad, que en algunos casos llegaron á herir en mí cierta fibra íntima; pero, no de seguro en boca de mis sencillas y virtuosas amigas las hermanas Moss.

---

255 *Gordigiani*: Giovanni Battista Gordigiani (1795-1871), compositor de ópera italiano.
256 *Alboni*: Marietta Alboni (1823-1894), famosa contralto italiana, alumna del compositor italiano Gioachino Antonio Rossini (1792-1868) y rival de Jenny Lind (ver nota anterior).
257 *Savoir faire*: (fr.) conocimientos, pericia.
258 *Handsome secretary*: referencia al marido de la autora, secretario de la delegacíon argentina en Estados Unidos.

Capítulo XIV

La distancia que separa á Nueva York de Filadelfia, se recorre en tres horas, y gracias al *Adam's Express Company*, los inconvenientes del equipaje desaparecen, como antes lo dije.

Cuando se está ya á poca distancia del *Ferry*, vaporcito que toma los pasajeros de Pensilvania, y á guisa de flotante puente los trasporta á la otra orilla del Hudson, es decir, á la ciudad de Nueva York, aparece en el wagon cierto individuo, armado con un registro y un lápiz. Pronuncia tan sólo la palabra *luggage* (bagaje); y todos los viajeros que comprenden su lacónico *luggage*, le entregan los famosos cuadraditos. El viajero, despues de recibirlos en la estacion del ferro carril, los guarda en su saquito de viaje, si es *lady* como yo, y de lo contrario, los echa simplemente en el bolsillo, y difícil es perderlos, por su peso y el ruido metálico que al caer producen.

El encargado del bagaje, así que toma los cuadritos, pregunta: *Qué hotel?* Y si la persona sabe el número del cuarto ó de los cuartos que se le destinan, puede, á su llegada, tener la grata sorpresa, de hallar todo su equipaje en sus habitaciones. Fuerza es reconocer, que viajar así es delicioso.

Llegando de Filadelfia, el movimiento de Nueva York parece aún mayor que al desembarcar de Europa; se reconoce al punto ser aquella la primera ciudad de la Union.

Las damas de Nueva York para pasear en las calles, se visten tanto ó más que las de Filadelfia. El triunfo de la Yankee es *Broadway*.

Con tacones de altura inverosímil, caminan con una ligereza y una rapidez, que no carecen de gracia, las esbeltas hijas del Hudson. Son en extremo coquetas para el calzado; tienen el pié pequeño, como las mujeres de nuestra raza; han degenerado de las Inglesas, lo saben y lo aprecian. Sólo en Nueva York, he visto botitas doradas, calzando con primor los piececitos de una bellísima *miss* de quince años, que hubiera podido disputar el premio de Cendrillon[259] á mi amiga Magdalena Gálvez, la Limeña más Limeña que he conocido, por su gracia, su zalamería[260] cariñosa y la pequeñez de sus pies.

Madame de Metternich[261] tenía en su *boudoir*[262] sobre una *etagère*[263], como adorno, una diminuta botita de terciopelo azul turquí, que compró á precio de oro, al zapatero de la *charmante* esposa del Representante del Perú.

La extravagante Princesa, mostraba esa maravilla á sus amigos, repitiendo: *Elle la chausse!* pues parece que, á fuer de Princesa y de Embajadora, se permitiera un dia entre risueña é impertinente pedir á mi amiga, le enseñara su pié, mostrándole la botita. La Limeña, que era vivísima, se vengó, calzándosela; *sin calzador*, repetían las crónicas del Imperio[264].

El calzado es carísimo en Nueva York, como en toda la Union, y no exagero, al decir, que un par de botines de cabritilla para señora, se paga veinte y veinticinco duros.

La Yankee se estrecha el pié tanto, cuanto la mano, que tiene generalmente pequeña, y la aprisiona con guantes uno ó dos números ménos que su medida: valen éstos de siete á ocho duros. Todavía, la ele-

---

259 *Cendrillon*: (fr.) referencia al cuento de hadas "Cenicienta".
260 *Zalamería*: demostración de afecto empalagosa.
261 *Madame de Metternich*: Pauline Clementine de Metternich (1836-1921), princesa y aristócrata de origen húngaro-austríaca reconocida por su participación en la vida cultural de Dresden, París y Viena.
262 *Boudoir*: (fr.) pequeño salón privado.
263 *Etagere*: (fr.) estantería.
264 *Imperio*: referente al Segundo Imperio (1852-1870) durante el cual Napoleón III era emperador de Francia.

gante Americana no ha llegado al refinamiento de la gran señora parisiense, que usa los guantes, para protejer sus manos y conservarlas bellas al sacárselos.

Todo lo que es importado, es carísimo en Estados Unidos, y vale tres y cuatro veces más que en Europa. De suerte que el lujo resulta realmente inabordable, para bolsillos medianos.

En cambio, la vida material es bastante barata; el mercado de Nueva York lo es tanto, que los vapores de las Compañías trasatlánticas, prefieren surtirse allí, á hacerlo en Inglaterra ó en Francia.

No me causó poca sorpresa que, en la tierra clásica de la democracia, todos los carruajes particulares, ostentaran en sus portezuelas aristocráticos blasones. Más tarde, cuando conocí á fondo aquella sociedad, y recibí cartas de damas elegantes y de políticos estirados, ví, ser casi general, el uso del escudo, real ó apócrifo[265] de la familia, y que con raras excepciones, los Norte americanos, como los Irlandeses, pretenden descender todos de regia estirpe.

En los Estados Unidos, se producen fenómenos capaces de preocupar, y trastornar las nociones de equilibrio social, en el espíritu del pensador más profundo. Por ejemplo, el catolicismo, en constante pugna histórica, con las libertades de todo género, en el Viejo Mundo, se amalgama admirablemente en la tierra de Washington, con republicanos y demócratas, que lo consideran puramente como una secta religiosa, que nada tiene que ver con la política. Los jesuitas[266] mismos, esa piedra de escándalo, esa *bête noire*[267] del liberalismo militante, viven en santa paz con los protestantes ultra liberales, en Yankeeland, y tienen allí colegios renombrados y florecientes. La libertad de las instituciones los atrae y la de cultos los ampara.

En la Union, el clero católico es muy distinguido y realmente digno; por sus virtudes y su saber, recuerda el de Francia.

Otro tanto digo de las Hermanas de Caridad, que practican con elevacion la enseñanza y cuidan con evangélica dedicacion de los enfermos.

Cuando los pueblos civilizados tienen creencias, la tolerancia les es natural. En Norte América ésta se halla basada en el mútuo respeto. Allí no hay quien no tenga una religion y la practique. Los Domingos hasta las dos de la tarde, vénse las calles llenas de gentes, que van al

---

265 *Apócrifo*: falso.
266 *Jesuitas*: orden religiosa católica polémica, también llamada la "Compañía de Jesús", fundada en París en 1534 por San Ignacio de Loyola.
267 *Bête noire*: (fr.; fig.) persona a la que más se detesta.

service, ya pertenezcan á esa serie de sectas en que se ha fraccionado el protestantismo, ya al catolicismo. El Sábado es el dia de los Hebreos. No es posible habitar la Union, digo, los hombres, sin asistir por decoro á alguna iglesia, pues las mujeres, con raras excepciones, tienen siempre en todas partes del mundo algún credo religioso.

Desde el Presidente de los Estados Unidos, hasta el modesto empleado de la más insignificante reparticion, todos concurren á la Iglesia *on sabaths' day*. Y es de notar, que allí no hay religion del Estado; cada cual sostiene su culto. Frecuentemente ocurre en las familias, que el padre sea episcopal, por ejemplo, y la madre metodista ó baptista; pero tal diferencia no acarrea divergencia alguna radical: es puramente cuestion de iglesia. Ya he dicho, en apoyo de lo que antecede, que mis amigas las Moss, cuya familia era numerosa, se dividian en protestantes y judías, este ejemplo lo he visto repetirse muchas veces.

Igualmente he oido decir á padres de familia: *Mis hijas no tienen religion alguna fija, van tan pronto á una iglesia, tan pronto á otra; de ese modo, cuando se casen, tomarán la de su marido.*

Tan desconocido es el fanatismo religioso en aquel país, que, en general, las familias protestantes prefieren tener sirvientas católicas, que abundan, pues las Irlandesas, lo son siempre sin excepcion.

La confesion es un freno y una garantía, me decia mi amiga Mrs. Judge Park, episcopal devota; *y cuando tengo queja de Jane, la mando á su confesor*. Fuerza es reconocer, que la dama protestante carecia de lógica; pero su intencion era buena. Yo me guardé bien de decírselo, y por lo contrario, le contesté: *You are right* (tiene Vd. razon); que, en cuestiones religiosas, la discusion es por lo menos inútil y la buena crianza nos enseña, á respetar todas las creencias, aunque éstas no existan en realidad y sean puramente un barniz social, más ó ménos sólido.

Quizá, con ese espíritu práctico, eminentemente utilitario de los Americanos, la dama protestante se hacia este raciocinio, en extremo correcto: *Siendo católica, mi sirvienta no tendrá inconveniente en servirme el Domingo, y de esa suerte podré utilizarla como los demas dias de la semana.*

Y á fe que no le faltaba razon. No hay nada más incómodo, que el servicio intermitente que prestan los criados protestantes, para los cuales, el Domingo representa mucho despliegue[268] de galas, dos horas de iglesia y el resto de paseo.

Vale la pena de soportar los inconvenientes de la católica Irlandesa; éstos son el ayuno forzado, la vigilia durante toda la cuaresma, con sus exigencias de alimentos delicados, acompañados de incesantes tazas de té, y al caer la tarde, el inevitable primo, que viene á visitarlas por el *basement*.

Pobre Maggie! tan activa, tan abnegada, tan cariñosa con mis hijitos; no he tenido una sirvienta más perfecta que esa rolliza Irlandesa, de ojos azules y cabellos negros. Llorando como una catarata, se despidió de nosotros, repitiendo entre sollozos: *Yo iria, yo iria...; pero mi primo... y me ha prometido casarse!*

No quiero terminar el capítulo, sin declarar que el primo ha cumplido la promesa, y que hoy Maggie, mi buena Maggie, se halla á la cabeza de un floreciente establecimiento de licores en Washington, y de una familia de seis Yankeecitos católicos.

---

268 *Despliegue*: muestra.

Capítulo XV

Las muchachas Norte americanas no tienen prisa por casarse. Prefieren hacerlo tarde, disfrutando, segun dicen, de su libertad. No les falta razon; pues si son coquetas y *flirt* como nadie, cuando solteras, así que se casan, dejan de serlo, especialmente en la clase media. Las ricas, tienen los defectos inherentes al medio social en que viven, esa necesidad de la mujer desocupada, de emplear sus ocios y de sacrificar á la diosa moda, inflexible minotauro que devora séres humanos, bajo todas las formas.

Difícil tarea fuera, reducir á un cálculo estadístico la mayor ó menor cantidad de matrimonios felices, que existen en una ú otra parte del mundo. Háse dicho, con generalidad, que en Francia, por la manera como las uniones se hacen, tiene forzosamente que ser mayor el número de los matrimonios mal combinados. Esto no deja de tener una base aparentemente sólida, pues se pone indudablemente de lado á priori[269], como inútil, el elemento amor; pero dada la inestabilidad de las cosas humanas, su fragilidad transitoria, bien puede creerse que,

---

269 *A priori*: (lat.) de antemano.

en esos que se llaman matrimonios de conveniencia, si se entienden por tal, no sólo las uniones que armonizan la fortuna, sino tambien las que consultan los hábitos, la educacion y aún el temperamento de los conyuges, acaso ese género de conveniencias resultara ser una base sólida y estable, para la consolidacion de la familia futura.

Desgraciadamente, tal no sucede, y el *auris sacra fame*[270], todo lo confunde y funde, de suerte que, la caza de dinero, suele excluir, ó excluye generalmente, el reparar en esa armonía de ideas, de gustos, de temperamentos, ántes lo dije, que, á no dudarlo, debieran contribuir á asegurar la paz y la dulzura de la asociacion *ad vitam*[271], que se llama matrimonio.

Los Norte americanos tienen el recurso del divorcio, del cual no abusan, pero sí usan. Yo he conocido varias damas muy distinguidas, que, despues de divorciadas de su primer marido, por causas que ignoro, habian contraido matrimonio con el *Master* tal, bajo cuyo nombre yo las conocí, sin desmerecer por eso en la sociedad. Pero, lo repito, usan, no abusan, de tal recurso.

Se me dirá, en qué consiste tal moderacion? Yo creo que consiste especialmente, en las tendencias de raza; aunque no de una manera absoluta, pues no es posible desconocer, que los Sajones tienen, mayor reserva y frialdad que los Latinos. Me equivoco quizá al considerar la cuestion divorcio bajo esa faz. Es muy posible. No tengo al respecto una opinion hecha. La familia, tal cual hoy existe, habrá de pasar, á mi sentir, por grandes modificaciones, que encaminen y dirijan el espíritu de los futuros legisladores, para cortar este moderno nudo gordiano[272].

Las Norte americanas se casan por amor ó lo que por tal se entiende generalmente, es decir, que los padres no les imponen tal ó cual marido: ellas se lo procuran, lo escogen á su gusto. En cuanto si es siempre el dios ciego, el que á esas nupcias[273] preside, yo me he permitido dudarlo en algunos casos. Sea lo que fuere, ellas disfrutan, y creo con alguna justicia, de la fama de buenas esposas.

Desgraciadamente, una sociedad tan floreciente, tan rica, tan admirada, y aún tan envidiada, tiene, como todo lo humano, un lado muy flaco. La familia, que debia, al parecer, bajo tales auspicios, desarro-

---

270 *Auris sacra fames*: [sic] (lat.) "auri sacra fames"; expresión de la *Eneida* de Virgilio referente a la fuerza maligna de la sed de oro.
271 *Ad vitam*: (lat.) de por vida.
272 *Nudo gordiano*: referente a una leyenda del campesino Gordias de Gordión, luego aplicada a Alejandro Magno (356-323 a.C.), que actualmente se refiere a una situación, hecho o cuestión de difícil resolución.
273 *Nupcias*: boda o matrimonio.

llarse floreciente, con la exhuberancia de la vegetacion tropical, no alcanza nunca gran desarrollo, en los grandes centros civilizados de la Union.

Como á mí me repugna por demas, tratar esta cuestion, de una importancia vital, empero, para todas las sociedades, recomiendo al lector, que guste de profundizarla, las obras del Dr. T. Gaillard Thomas, célebre Profesor de Nueva York, especialista de obstetricia[274], sumamente interiorizado en las costumbres de la sociedad Yankee.

Yo prefiero pasearme tranquilamente por la Quinta Avenida, esa espléndida calle de mansiones de mármol blanco, que parece pertenecer á ciudades de las Mil y una noche.

El hotel que lleva su nombre, completa la ilusion; es un altísimo edificio de deslumbrante blancura, y despierta en el espíritu pensamientos risueños y aún elevados. Verdad es, que á cierta altura de la famosa calle, el viajero se encuentra con la suntuosa habitacion de madame T... y que al preguntar, quién es esa riquísima propietaria, una sonrisa fisgona[275], contrae los semblantes masculinos. Pero, cómo evitar que una mujer que practica el oficio de la madre de Sócrates[276] haga fortuna, en esa tierra clásica de las libertades? Á mí, además, no me importa el cómo, ni quiero escuchar lo que de ella se cuenta; á ser verdad, fuera demasiado horrible: yo me guardaré bien de escribirlo. Basta y sobra con haber encontrado en mi camino ese misterioso palacio, cuyo recuerdo me pesa.

Non ragionar di lor, ma guarda é pasa[277].

Con el pensamiento, que al fin es libre, me trasporto á Broadway, frente al museo Barnum[278]. Esto, por lo menos, es genuinamente Yankee, y presenta otra faz del carácter norte americano, que contiene igual dósis de candor y de pillería.

Pero tal mezcla no es posible, se me dirá. Yo respondo con el mismo Barnum, ciudadano de la Union, nacido en la Union, el cual, pasa su vida mistificando aquel pueblo de libres, con fenómenos y prodigios de esta fuerza. En 1860, el charlatán Norte americano, el inventor del *humbug*, esa palabra intraducible, que significa á la vez

---

274 *Obstetricia*: rama de la medicina que trata d la gestación, el parto y el puerperio.
275 *Fisgona*: burlona.
276 *Sócrates*: (470 a.C.-399 a.C.), filósofo griego cuya madre era partera.
277 *Non ragionar di lor...*: frase del volumen primero de *La divina comedia–El infierno–* del célebre poeta florentino, Dante Alighieri (1265-1321); (ital.) "No hablemos de ellos; pero míralos y pasa".
278 *Barnum*: Phineas Taylor Barnum (1810-1891), célebre comerciante y dueño de circo y museo, conocido por sus trucos, engaños e ilusiones.

engaño, exageracion y farsa, exhibia con gran pompa y respetuosa simpatía, la nodriza de Washington; y sus compatriotas, pagaban felicísimos dos dollars, por enternecerse, ante una negra cualquiera, con motas[279] blancas y ojos azules de idiota, que por toda respuesta, decia: *Yes, mass!* (Sí, el amo).

La fachada del Barnum *Museum*, semeja un teatro ambulante de feria; de esas *fêtes*[280] que tiene lugar en Francia en los *villages*, regularmente una vez por año.

Las maravillas pintadas en el exterior de las paredes de lienzo, deben dar una idea de las sorpresas y prodigios, que, en el interior esperan al dichoso mortal, que mediante una paga moderada, alcanzará á penetrar en el misterioso recinto. Estas atracciones externas, deben ser suficientemente tentadoras, para aguzar los deseos sin satisfacerlos. Por ejemplo: si se exhibe en el interior una mujer gorda, el retrato de la rolliza Vénus, debe ser igualmente robusto y un tanto escotado, sin chocar con exceso á la modestia. En un letrero con letras bien visibles, colocado á la altura de la boca, dirá: *podrá hablársele*; y en otro, artísticamente puesto, sobre la liga de una pierna con proporciones mastodónticas, que la carnuda diosa, con cierto descuido enseña, recogiendo graciosamente el traje, se leerá: *podrá tocarse*. Tal incentivo, hace que el curioso, más estimulado que satisfecho, desembolse gustoso su dinero.

Barnum ha seguido idéntico sistema, solamente como su museo es una casa de piedra, de paredes sólidas, el exterior está guarnecido con bastidores de lienzo pintarrajeado, que ofrecen al curioso maravillas de todo género,

El dia en que yo, en mi calidad de viajera distinguida, visité el gran museo, en la puerta ví el retrato lilipuciano[281] del Comodoro Nut, el enano rival del célebre Tom Pouce[282], acompañado de esta tentadora inscripcion: *El Comodoro declamará, cantará y bailará*. Cómo resistir?

Dos enormes boas constritor, pintados con esos colores especiales á la paleta de los Michel Angiolo[283] Yankees, y una foca colosal de humanos ojos, acompañaban el retrato del correcto Comodoro, y atraian

---

279 *Motas*: cabellos apretadamente ensortijados.
280 *Fête*: (fr.) fiesta.
281 *Lilipuciano*: referente a los habitantes pequeños de Liliput, localidad de la novela de Jonathon Swift *Los viajes de Gulliver* (1726, 1735).
282 *Tom Pouce*: nombre francés del héroe folclórico inglés *Tom Thumb* –Pulgarcito– que aparece en la obra *The Author's Farce* (1731) de Henry Fielding.
283 *Michel Angiolo*: [sic] Michelangelo di Lodovico Buonarroti (1475-1564), célebre pintor, escultor, arquitecto y poeta renacentista italiano, oriundo de Florencia.

la atencion de una turba boqui-abierta, que, miraba extasiada, aquellas maravillas del arte moderno.

Resonaba una música chillona, estridente y confuso rumor de vocerío. Reinó el silencio. Barnum *in propria persona*, presentaba al respetable público al famoso Comodoro, en el momento solemne, en que tuve la dicha de penetrar al recinto reservado, merced á un dollar extra, pues el de la entrada sólo servía para entrar. Era una estafa, pues el anuncio decía: *El Comodoro Nut, por un dollar*. Pero, á quién quejarse? Y sobre todo, cómo resistir á la sonrisa insinuante del galoneado ugier, que repetía con voz melíflua: *Ladies and gentlemen, el Comodoro Nut, por sólo un dollar*, enseñando un índice simbólico y cabalístico[284]. Hubiera sido necesario un estoicismo antiguo para resistir, y nadie resistia.

Sobre un proscenio mezquinamente[285] decorado, apareció el Comodoro, que nada de monstruoso tenía, sea dicho de paso. Parecia un niño de cinco años perfectamente conformado; y, quién nos asegura que, estando en casa de Barnum, tuviera los veinticinco años anunciados en el cartel? Vestia un coqueto uniforme de Comodoro de la Union y se apoyaba en una ligera varita. Con modales blandos y fáciles, se acercó á la boca del telon, saludó á las *ladies*, sacándose su gorrita galoneada, y un trueno de aplausos y silbidos le contestó entusiasta. Cesó la música y el Comodoro, con vocecita de niño, pronunció un *speech* de pocas palabras, sobre el honor que sus conciudadanos le dispensaban. Otro trueno de aplausos, y el telon cayó.

Yo dije para mí: será el principio de la funcion. En efecto, la música comenzó de nuevo á hacer oír sus discordes armonías, y poco despues volvió de nuevo á alzarse la cortina y aparecieron dos actrices feas y mal entrazadas, que comenzaron una pantomima insulsa[286], esa pasion de los Ingleses, que para ser resistible, necesita ser ejecutada con perfeccion.

Saltos, muecas, gestos más ó menos expresivos, dirigidos á un vejete, que parecia, desde que se presentó, querer simbolizar por sus actitudes reservadas y púdicas[287], la casta Susana[288], perseguida por sus dos terribles amadores, fué el espectáculo que presenció el público, en compañía del Comodoro, que no tardó en mostrarse de nuevo. Esta

---

284   *Cabalístico*: referente a la cábala, de una cualidad misteriosa y enigmática.
285   *Mezquinamente*: pobremente.
286   *Insulsa*: sin sabor.
287   *Púdicas*: de naturaleza casta o pudorosa.
288   *Susana*: personaje del Libro de Daniel de la Biblia que es acusada de adúltera pero que, mediante una interpelación por parte de Daniel, es hallada inocente.

vez venía de particular, y un lacayo, que media tres piés, *sin zapatos*, según la expresion Yankee, le seguia, acarreando penosamente una sillita de paja, en la cual tomó asiento gravemente el exíguo[289] Comodoro.

Las peripecias de aquel torneo femenino, en el cual el gaje de la vencedora, debia ser el desdeñoso monstruo pintarrajeado, de arratonada peluca, fueron numerosas; pero, no variadas; sinembargo, el Comodoro se dignó, más de una vez, chocar sus manecitas fenomenales en signo de aprobacion. Electrizado el público con aquel aplauso inteligente, daba tan ruidosas muestras de contento, que llegué á temer por la solidez de la sala. Las irresistibles *ladies*, vencieron por fin á fuerza de piruetas la resistencia del *Adonis*[290] sexagenario, que cayó por fin, rendido de hinojos, ante los piés de la beldad.

En el lenguaje coreográfico, levantar los ojos al techo y llevar las manos al corazon, oprimiéndolo con repeticion, significa: *yo os amo*. Las damas comprendieron, y en signo de alegría, al son de una música, que recordaba la de los circos ecuestres, comenzaron un furioso *cancan*[291], en el cual, oh dolor! no sólo tomó parte el rendido viejo, sino hasta el imponente Comodoro.

El entusiasmo de la sala no tuvo ya límites, al presenciar aquella ronda–catonga, que nos había costado dos dollars. Cayó el telon y comenzaron los *enchores* con tal furor, que no me fué posible resistir el espectáculo por más tiempo, á pesar de las súplicas de mis chiquitines.

Cuando salí de nuevo al aire libre y contemplé la luz del dia, pues aquella sala estaba iluminada con gas, me pareció despertar de una cruel pesadilla.

Viéndonos ganar la puerta, el amable ugier, influenciado sin duda por la magia del *cancan*, repetía: *Faltan las boas y la foca! No se paga*, agregaba un tono confidencial, *está incluido!* Mis muchachos me tiraban de la mano, repitiendo: *Todavía falta; todavía falta*; pero yo tuve la crueldad de responderles: *No!* y me lancé arrastrándolos desapiadadamente hacia Broadway, donde tomamos el ómnibus, que debia conducirnos al hotel.

---

289 *Exíguo*: [sic] exiguo; (fig.) diminuto.
290 *Adonis*: dios de la vegetación juvenil de la mitología griega; comúnmente se utiliza para señalar a los hombres jóvenes viriles, atrayentes y engreídos.
291 *Cancan*: baile de salón principalmente femenino que aparece en los salones de baile del barrio obrero de Montparnasse de París a partir de 1830. El baile consiste en movimientos provocativos, con un movimiento de faldas sugestivo.

Capítulo XVI

Los vapores que suben el Hudson, son verdaderos hoteles flotantes, donde el viajero halla toda especie de comodidades. Allí se encuentran, ademas de camas y divanes confortables, para pasar la noche, libros, periódicos, billetes de ferro carriles, fotografías de los diversos puntos que se van recorriendo, y sobre todo, una excelente cena, con acompañamiento de helados de sabores varios, ese *ice cream*, sin el cual no hay comida completa en la Union.

Al ponerse el Sol, nos embarcamos en uno de esos lujosos vapores, y al rayar el alba, llegábamos á Albany, la capital del Estado de Nueva York, donde se toma el tren que conduce al Niágara.

Las orillas del Hudson son verdes y pintorescas; y merced á una luna casi llena, en un cielo despejado, disfruté sobre la cubierta, hasta muy entrada la noche, de una vista encantadora. Aquellos blancos *cottages* dormidos entre árboles y jardines, que nos enviaban, merced á la brisa de tierra, sus olorosas emanaciones, recordaban, á la luz tibia de la luna, fantásticas habitaciones de hadas. El vapor parecia rozar dulcemente las floridas márgenes del rio, y los pensamientos perezosos, que vagaban por las regiones de la fantasía sin fijarse un instante ante una idea, preparaban dulcemente al sueño.

Albany, la capital del Estado más importante de la Union, es una ciudad sin movimiento, y sus calles silenciosas y desiertas, con grandes edificios antiguos, traen á la memoria las ciudades de provincia de Francia, en las cuales hay poquísimo tráfico: á ciertas horas, esas ciudades parecen inhabitadas.

En Albany, como en Washington, el elemento oficial es el reinante; el comercio casi nulo.

Los trenes en aquella época, eran en extremo incómodos, y el contacto forzado de los viajeros, unos con otros, durante muchas horas, en los penosos dias de verano, hacian el viaje insoportable. El lujoso *Pullman Cart* de hoy, con sus sillones giratorios y sus departamentos reservados, aún no existia. Aquel largo trayecto, me pareció en extremo penoso; pues, á pesar de que el ferro carril sigue de muy cerca, el curso de dos rios, que corren entre altas colinas, cubiertas de bosques, el polvo y el calor todo lo oscurecian, todo lo volvian ingrato y desabrido[292]. El uso de la leña para las locomotoras, produce un humo espeso que sofoca y ensucia: los desdichados viajeros, llegan con unas caras imposibles; el *duster* (guarda polvo) es de absoluto rigor.

Tuvo fin aquella interminable jornada: habíamos llegado al Niágara. Al notar el asombro que se pintaba en mis ojos el amigo que me acompañaba, dijo: *Es la catarata!* Un retumbo[293] sordo, parecido al estampido de cañones lejanos, resonaba sin cesar. Volví la vista en todas direcciones, con esa avidez del *touriste*, y nada ví. *Despues*, agregó mi inolvidable compañero Molina, decano entónces del cuerpo diplomático en la Union, ó Molinita, como le llamaban mis hijitos; y ofreciéndome el brazo, nos encaminamos juntos al *Niagara Falls Hotel*.

Un baño y una hora de descanso, me volvieron la vida. Dormí arrullada por aquel rugido bronco é incesante, que debia resonar en mis oídos, miéntras me hallara en las cercanías de la catarata, produciéndome un intenso malestar nervioso. Hay quien pretende que ese ruido, se oye á más de dos leguas; yo no lo sé. Chateaubriand[294], dice: «Que el ruido de la catarata ensordece, á más de dos leguas.» El autor

---

292 *Desabrido*: que carece de gusto, o apenas lo tiene, o lo tiene malo; (fig.) sin carácter.
293 *Retumbo*: estruendo.
294 *Chateaubriand*: François-René, vizconde de Chateaubriand (1768-1848), diplomático, político y escritor francés conocido como el fundador del romanticismo en la literatura francesa.

de René, cuando fué al Niágara llegó en la clásica diligencia[295]; pero yo me acerqué y me alejé en el ferro carril, que devora las distancias y cubre todos los sonidos. Lo que el viajero gana en rapidez, lo pierde en inspiracion el artista.

Generalmente los viajeros van en busca de la catarata en coche; esos son los neófitos, que se dejan explotar inconcientes por los cocheros pillos, de profesion, que, despues de arrancarles dollar tras dollar, acaban, finalmente, por llevarles por vías más ó ménos curvas, al *Prospect Park*, único sitio, de donde puede verse la catarata. Yo, gracias á la experiencia de mi excelente *cicerone*, evité todos esos escollos.

¿Podré dar una idea de lo que experimenté, al enfrentarme de improviso[296], en una de las vueltas del camino con aquella masa espumante y atronadora? No lo creo. El temblor que se apoderó de mí al divisarla fué tal, que tuve que apoyarme pesadamente en dos brazos amigos. No podia dar un paso, me estremecia bajo la doble impresion del espectáculo y del frio intenso, que de repente cambió la temperatura; un velo de lágrimas cubria mis ojos, y aquel retumbar de las aguas, complicaba terriblemente el cúmulo de emociones que me atormentaba. Recuerdo que repetí de una manera inconciente: *Por Dios, qué ruido!* y me desmayé.

Cuando volví en mí, el fragor[297] incesante fué lo primero de que me dí cuenta. Hice un esfuerzo supremo para ponerme de pié, y conseguí afrontar la vista de la cascada.

El río Niágara, que une el lago Erie al Ontario, y sirve de límite al Alto Canadá y á los Estados Unidos, al separarse del Ontario, forma la famosa catarata, cuyas aguas, divididas por la pequeña isla *Goat Island*, se precipitan de una altura de más de cincuenta metros, en dos cascadas maravillosas: la de la Herradura, por el costado del Canadá, que tiene seiscientos metros de ancho, y la del lado de los Estados Unidos, que sólo es de doscientos.

El espectáculo es incomparablemente más grandioso, desde la orilla americana; pero ménos pintoresco y armonioso, si la expresion es aquí permitida. Aquella masa espumante que ruge y se desploma con vertiginosa rapidez, acelera los latidos del corazon, produce espanto y evoca pensamientos, que parecen agenos á este planeta.

---

295 *Diligencia*: coche grande, dividido en dos o tres departamentos, arrastrado por caballerías y destinado al transporte de viajeros.
296 *De improviso*: imprevisto.
297 *Fragor*: ruido estruendoso.

Me sentí arrastrada á pesar mío, atraida magnéticamente por aquella hirviente espuma, por aquella fuerza viva, que se manifestaba con una exhuberancia titánica; y sin el celo afectuoso de mis compañeros, me hubiera precipitado en el abismo. Ellos espiaban atentos en mi semblante los fenómenos nerviosos, producidos por la vista de la catarata: *la fiebre del Niágara* me poseia como á pocos. Lancé gemidos angustiosos, que fueron á perderse en aquel trueno sin fin y un raudal de lágrimas benéficas, alivió por fin mi pecho oprimido.

Aquella tarde no ví más. Me volví al hotel, seguida por el constante rumor de las aguas; y en la noche, agitada por tantas emociones, no sé si dormí, sólo sé que en la mañana desperté exhausta y sin fuerzas.

Naturalmente, yo no subí al puente suspendido sobre la catarata, que produce un vértigo á que pocos viajeros pueden resistir, no sólo por la altura en que se halla y la atraccion misteriosa del abismo, sino por el temblor incesante que lo agita. No bajé tampoco á la *Caverna de los vientos*, en donde, como dice un viajero francés, se contemplan en toda su infernal sublimidad las convulsiones de la catarata. Ni mucho menos, me embarqué en el *Ferry*, como cáscara de nuez, que atraviesa valeroso, por entre las crestas de espuma de una orilla á otra; mis compañeros masculinos lo hicieron, revistiendo el traje de goma, indispensable para no llegar mojados hasta los huesos.

Yo me quedé en el hotel, mirando, no tengo inconveniente en confesarlo, en el estercoscopo colosal, que decora el gran salon, las admirables vistas de la cascada, en todas sus varias fisonomías. El rumor de las aguas hacia la ilusion más completa. Me parecia por momentos sentirme salpicada por las frias gotas de la espuma.

Ah! Pero al dia siguiente, desde la Sister Island, situada á poca distancia de la Goat Island, pude contemplar un espectáculo bellísimo, que nunca olvidaré: el de los *rapids*.

El rio es allí más ancho, y como las aguas hallan sin cesar una serie de arrecifes, de escollos, que les impiden el paso, se levantan, se encrespan, se sublevan irritadas, formando torbellinos de nevada, sedosa espuma, donde el Sol refleja la magia de su íris. Sinfonía viviente de luz y de colores, que acompañan los ecos del Niágara y los gemidos del viento, que agita las elevadas cimas del bosque secular situado á poca distancia.

Atravesando al Canadá, lo que se efectua fácilmente en carruaje, divísase el Niágara americano, que yo hallo más bello, más armonioso, pues allí, la altura de la cascada está en proporciones más correctas con su anchura, de sólo doscientos metros, y el paisaje que le sirve de marco, es más accidentado y pintoresco.

Dos dias pasé escuchando, como dice Chateaubriand *la voix solitaire du flot puissant et éternel* [298], y luego tomé el tren que va á Lewiston, pequeño puerto situado sobre el lago Ontario, en la embocadura del Niágara. Allí nos embarcamos en un vaporcito, que en pocas horas nos trasladó al steamer, que hace la travesía del Ontario y del rio San Lorenzo. No sin haber comprado antes en *Cataract House*, situada en la calle única del Niágara, donde abundan las tiendas de curiosidades, esa serie de fotografías de la cascada, que se ven allí *pêle mêle* [299] con abanicos, pantallas, bastones y chucherías variadas, que se venden como industria local.

El rio San Lorenzo lo forman, en realidad, una serie de lagos, que van estrechándose continuamente y acumulando esos torbellinos ó *rapids*, que hacen su navegacion tan pintoresca.

Las Thousand Islands (mil islas) que hallamos en nuestro camino, son, como lo indica su nombre, un gran conjunto de islas é islotes, cubiertos de arboleda y de una vegetacion lujosísima.

Cada vez que el vapor salva uno de esos torbellinos, se le siente levantarse como si un brioso Leviatan [300], lo suspendiera sobre sus gigantescas espaldas.

El último de esos torbellinos situado á algunas millas de Montreal, entre el village francés de Lachime y la aldeita india de Caughnawaga, es el único que seriamente recuerda los *rapids* del Niágara.

Muy gratos recuerdos me ha dejado esa travesía.

Los viajeros eran poco numerosos; el estado de los espíritus, la agitacion que reinaba en el comercio, no permitía á los Americanos, entregarse á las delicias del verano, con la anchura y el lujo de costumbre. Los pasageros eran casi todos personas modestas; habia poquísimas *ladies*, pero no faltaban los negros guitarreros, que por la noche subian sobre la cubierta á cantar sus graciosas canciones virginianas. La más favorita entónces, era una patriótica, de un ritmo muy animado y cantante, cuyo refran era *Ill' give my money for the Unions boys* (daria mi

---

298 *La voix solitaire...*: (fr.) "La voz solitaria del caudal poderoso y eterno".
299 *Pêle mêle*: (fr.) mezclado.
300 *Leviatan*: [sic] leviatán; bestia marina del *Antiguo Testamento* frecuentemente asociada con Satanás, sinónimo hoy en día de gran monstruo o criatura.

dinero á los muchachos de la Union). Naturalmente, los cantores tenian buen cuidado al terminar, de venir á presentar á los viajeros su sombrero. Las monedas caian con más ó menos generosidad, segun el entusiasmo que despertaba en el ánimo de los unionistas, el recuerdo de los *boys*, que, en ese caso, significaban los soldados del gran ejército.

No quiero olvidar una circunstancia, que puede parecer frívola; pero, que para mí no lo era. La comida de abordo, tenia un *cachet*[301] americano especial que me recordó el clásico puchero con choclos de la patria ausente.

Pero ya estamos frente á Montreal, ya se divisa el *Victoria bridge*, el puente suspendido más largo de América y quizá del mundo entero.

---

301 *Cachet*: (fr.) marca distintiva de clase elevada.

Capítulo XVII

Montreal es una ciudad mitad inglesa, mitad francesa; en sus calles se oye tan pronto hablar la lengua de Racine[302] como la de Byron; pero, igualmente alteradas una y otra. El acento canadiense especialísimo en ambos idiomas, es de una gran suavidad.

Poquísima animacion reinaba en esa metrópoli en la época en que yo la visité: el calor era tórrido y hacia dudar, de un hecho reconocido por todos los viajeros. Es decir, que el frio del Canadá es tan rígido, como el de Rusia, y que allí, como en Moscow y en San Petersburgo, el invierno dura siete meses.

Dividida la ciudad por el rio, en dos ramales, es bastante pintoresca; el Oeste, es el costado inglés, habitado puramente por ingleses; así como el Este, pertenece exclusivamente á los Franceses.

Curiosa es la buena armonía, que reina entre esos dos elementos de poblaciones, que no tienen sinembargo, gustos ni afinidades que les sean comunes; pues fuera de las transacciones forzadas de la vida comercial y política, no se les ve nunca mezclarse, ni mucho ménos ca-

---

302 *Racine*: Jean Racine (1639-1699), famoso dramaturgo francés, autor de *Fedra* (1677), entre otras obras célebres.

sarse, unos con otros. Existe entre ellos, como una antipatía de raza, templada sólo por ese buen sentido práctico del Sajon, y, fuerza es reconocerlo, del Francés trasplantado al Nuevo Mundo.

Los ricos, los banqueros, los grandes industriales, son allí de raza inglesa todos, con poquísimas excepciones, aunque Franceses é Ingleses sean igualmente súbditos de S. M. Británica[303].

El Canadá, es una poblacion de cuatro á cinco millones de habitantes, que forma una confederacion dependiente de la Inglaterra. La metrópolis inglesa, se limita, sinembargo, á nombrarle un Gobernador, pues el Canadá se gobierna con instituciones que le son propias y tienen mucha analogía con las Americanas. El Gobierno inglés paga una guarnicion de dos mil hombres; pero el Canadá posee una guardia nacional que, según dicen, tiene más de francesa que de inglesa, y, cosa extraña, en las Cámaras canadienses se habla tan pronto inglés como francés.

La influencia del clero católico, es poderosa; existiendo entre católicos y protestantes, cierta rivalidad muy marcada, que se manifiesta en la prensa.

Asistí á una representacion muy curiosa en Montreal, por ser ésta mitad en francés, mitad en inglés; sea dicho de paso, que el teatro era feísimo y los artistas malísimos.

En cuanto á los hoteles, no se parecen en nada á los de los Estados Unidos: son sucios y carecen de *comfort*, y naturalmente se habla en ellos, ó mejor dicho, se estropean alternativamente los dos idiomas reinantes.

En las tiendas se habla una curiosa algarabía; pues con ese espíritu especialmente francés, que consiste en tratar al *marchante*[304] con esquisita cortesía, resultan frases tan grotescas como esta: *Madame, toujours at your service*.

Poco tiempo permanecí en Montreal. La ciudad no ofrece gran interés para el *touriste*.

Mi objeto era visitar á Saratoga, ese Baden Baden[305] de los Yankees, antes de volver á Nueva York.

Muy de mañana cruzamos el puente Victoria, y á poco andar, llegamos á la frontera Americana, y seguimos costeando el admirable lago

---

303 *S. M. Británica*: Su Majestad Británica, la Reina Victoria.
304 *Marchante*: parroquiano, acostumbrado a comprar habitualmente en una tienda.
305 *Baden Baden*: localidad alemana frecuentada por la alta burguesía europea durante el s. XIX como lugar de veraneo. Surgieron en la época grandes establecimientos termales, teatros, un hipódromo y un casino, uno de los más lujosos del mundo.

Champlain, uno de los más bellos de América. Sin embargo, al viajero le espera aún la sorpresa del lago Jorge.

En un vapor por el estilo de los del Hudson, se navega, durante algunas horas, literalmente entre flores. El lago es estrecho, sembrado de islotes cubiertos de vegetacion, de esos lirios de agua, de pétalos blanquísimos y cáliz dorado, que exhalan un perfume tan penetrante, que llega á ser opresivo.

En ambas márgenes, hay quintas con jardines que avanzan hácia el lago, y vienen á bañar en aquellas aguas trasparentes los troncos de sus magnolias. Esos árboles, crecen allí silvestres, y en el verano, sus flores ocultan totalmente las hojas. El ambiente que se desprende de las orillas, cubiertas de muchachas graciosas, reclinadas sobre la yerba, otras tantas flores animadas, es embriagador. Se recuerda la isla de Calipso[306], y la diosa rodeada por sus ninfas; y si me atreviera, diría más, evocando el recuerdo del sabio Ulíses[307] y sus compañeros. Las guitarras, ó mejor dicho, la guitarra yankee, el *banjo*, resuena sin cesar, y se oyen esas canciones virginianas tan atractivas y seductoras por su lánguido ritmo de habaneras[308] cubanas.

Todos esos encantos presagian la llegada á Saratoga, el sitio *attractive* por excelencia, según los Yankees.

Un verano en Saratoga, e poi morire[309], me decia poniendo los ojos en blanco, un abogado de Nueva York, que creia hablarme en español.

Yo no puedo decir otro tanto. El hotel á la moda entónces, que parecia un cuartel, era un vasto edificio de madera sin gracia ni *comfort*. Los aposentos[310] daban sobre un corredor estrechísimo y eran tan pequeños, que no fué posible hacer entrar en ellos ninguno de mis baules, que, seguramente no tenian dimensiones excesivas, pues yo viajaba puramente como *touriste*, y me había guardado bien, de embarazarme con *toilettes* inútiles. Mi contrariedad, que llegó á degenerar en malhumor, era excusable. Los baules no podian quedar en el corredor, y era imposible abrirlos en lo que allí se llama el *porch*, es decir, un inmenso vestíbulo, lleno de gentes que van y vienen. Y, sinembargo, no hubo re-

---

306 *Calipso*: en la mitología griega, la hija hermosa del Titán Atlas, que reinaba en la hermosa isla de Ogigia. Tras el naufragio de Odiseo en la isla, ella logró mantener cautivo al héroe griego durante siete años, prometiéndole la inmortalidad por permanecer con ella.

307 *Ulíses*: nombre en la mitología romana para Odiseo.

308 *Habaneras*: música de origen cubano del s. XIX habitualmente acompañada de guitarras, laúdes y bandurrias. Su ritmo es de cuatro por cuatro y su tempo lento.

309 *E poi morire*: (ital.) "Y luego, morir"; proviene de la expresión italiana "vedere Napole e poi morire".

310 *Aposentos*: habitaciones.

medio: fué preciso hacerlo así é ir acarreando objeto por objeto, hasta los diminutos camarancheles que iban á servirnos de aposentos.

‹‹Pero cómo hacen estas mujeres;›› preguntaba yo indignada á nuestro paciente *cicerone*, ‹‹para vestirse con tantas sarandajas[311] en esas cuevas que ni espejo tienen?›› y Molina, sonriendo, respondia: ‹‹Son Yankees, señora.››

Mal ó bien, yo y mis chiquillos cambiamos el polvoroso traje de viaje, por galas parisienses, que á decir verdad, hallé insuficientes, cuando penetramos en aquel comedor, preparado para cuatrocientas personas.

Las *ladies* estaban todas, sin excepcion, vestidas de baile, salvo que los corpiños eran subidos; pero no les faltaban ni encajes, ni joyas, ni mucho menos, flores artificiales en la cabeza. Eso sí, los gentlemen vestian sacos o jaquets de mañana, sin pretension alguna y sin asomo de elegancia. Confieso que sentí cierto malhumor, al verme tan modestamente ataviada, con mi vestido de tela cruda, que á pesar de estar firmado Laferrière, quedaba completamente eclipsado, por el de mi rubia vecina, que, á fuer de novelista de estos tiempos descriptivos, voy á dame el gusto de detallar minuciosamente.

La bella en cuestion, que tal lo era, empiezo por la cabeza, que bien merece la supremacia que le concedo, ostentaba una profusion de rizos dorados, suyos ó adquiridos á precio de oro, que encuadraban maravillosamente el gracioso óvalo de su cara. Esos rizos eran tan largos, que le llegaban hasta más abajo de la cintura, delgada, muy delgada, y creo ceñida. Vestia un traje de raso azul turquesa, guarnecido de encajes de Alençon, anchos, como se usaban allá, en los tiempos del Imperio. De trecho en trecho, los volados estaban recogidos por ramilletes de rosas vellosas, blancas. Una anchísima crinolina, hacia resaltar los elaborados dibujos de los encajes y la estrechez de la cintura. La bata era un *fouilli*[312] de encajes angostos, rosas, brillantes sueltos, y lazos de cinta, que disimulaban, ó mejor dicho, aumentaban lo que las realidades dejaran que desear.

La *miss* comia con guantes, y comia con excelente apetito, á pesar del sinnúmero de moscas, que volvian difícil y odiosa aquella tarea. Pero como estos inconvenientes, eran soportados con flema sajona por toda la sociedad, salvo nosotros, no creo del caso alabar con exceso los méritos de la coqueta rubia.

---

311 *Sarandajas*: [sic] zarandajas; cosas menudas, sin valor.
312 *Fouilli*: (fr.) mezcla sin orden.

Y no se crea, que tal despliegue de lujosos atavios, fuera allí la excepcion, muy al contrario, reconozco, por mucho que me duela, que el elemento femenino fijaba en mí esas miradas frias y rápidas que comprendemos desde luego las mujeres, y que significan en buen castellano: *Quién es este cache?*

Concluida que fué aquella interminable comida, que tuvo fin cuando empezaban ya á encenderse las luces, exclamé: «Qué horror, yo aquí no me quedo!»

«Tenga Vd. paciencia, la tertulia quizá le interese,» me contestó entre risueño é irónico el amable Molinita.

Quise salir á respirar el aire, para olvidar los olores de aquel comedor, donde comian cuatrocientas personas, servidas por ochenta negros, con un calor de noventa grados; pero, mi suerte adversa dispuso que una lluvia copiosa y tenaz, nos bloqueara dentro del vastísimo salon de baile.

Allí, felizmente, pude volver á ver á mis dos chiquitines, que tenian acceso, como los demas niños, al salon de baile, hasta las ocho, hora oficial en que penetraba la orquesta.

Mis hijitos se echaron sobre mí gritando: «Mamá, no hemos comido.» Mi indignacion no tuvo límites; y preguntando el por qué, la sirvienta me respondió: «Señora, habia como cien niños y sólo nos servia un negro cojo.» Y mi hijito agregó: «Y en las fuentes habia moscas.»

«Esto es atroz,» dije volviéndome á Molina con voz doliente, «qué vamos á hacer?» y mi pobre amigo, que sin motivo seguramente, se creia causante de tan terribles aventuras, corrió en busca de socorro, y gracias á sus fueros diplomáticos, lo obtuvo. Éste consistía en dos platos de *ice cream*, con biscotelas, que los hambrientos viajeros devoraron en un momento, causando no poca envidia á los demas chiquitines, que, como ellos, habrian comido, quizá, poco y mal.

De repente, vimos llegar una banda de música compuesta de seis artistas negros, que comenzaron á darnos una idea de sus respectivos talentos. Tocaban con clarinetes, bastante afinados el famoso *Ill' give my money for the Unions boys*, que habia yo oido en mi excursion en el rio San Lorenzo, y aquella melodia ya familiar, me fué muy grata, por más que esto pueda parecer exagerado. Sin duda, ella evocaba el recuerdo del paisaje risueño y de las aguas límpidas y frescas del bello rio, haciéndome olvidar, un presente que nada de agradable tenia. Además, hay siempre cierto encanto en reconocer una melodía que ya hemos escuchado, especialmente cuando la música evoca recuerdos dulces.

Pero no tardaron las cuadrillas en borrar el surco luminoso de aquel motivo sencillo y característico; los danzantes comenzaron á patalear con tal furor, que todo el edificio se estremecia. Los Yankees bailan á la antigua, saltan, son *agraciados*, como se decia de los buenos bailarines en otro tiempo; siguen el compas y están atentos á la música, como hoy ya no se acostumbra, y que parece ridículo.

Esto pude notarlo, especialmente en los lanceros, entónces tan á la moda, y en el *virginia–reed*, especie de pericon nacional, que los encanta, y en el cual yo, confieso mi pecado, tomé parte con el decano del cuerpo diplomático. Esto era facilísimo, no habia sino ingerirse en la cadena, y como en ella figuraban varios chiquitines, los mios, exaltados por el *ice cream* con plantillas, bailaron por la primera vez en su vida, y esto en Yankeeland, el virginia–reed.

Los Americanos bailan pocos valses ó polkas, prefieren las cuadrillas á todo; la razon es curiosa. Generalmente las niñas no bailan lo que allí se llama *round dances*, es decir, bailes giratorios. Con frecuencia les oye Vd. decir á las católicas: *El Arzobispo me lo ha prohibido*; y á las protestantes: *Mamá no lo permite*.

Sea dicho de paso, que poca ocasion tendrian las mamás ni el Arzobispo de verificar el mayor ó menor grado de obediencia de las jóvenes miss, pues en los bailes no se ven ni Arzobispos ni madres. La respuesta obligatoria de toda mujer á quien Vd. le pregunta por su mamá, es: *She is an invalid* (es enferma). Declaro que, salvo en los viajes y en los hoteles, nunca he visto las madres de los Estados Unidos. Parece que la Yankee, así que envejece, se retira voluntaria ó forzosamente de la sociedad. Por lo menos, en la clase que no se denomina *high life*.

Cuando llegó el terrible momento de encerrarse en los camarotes, que nos servian de cuartos, volví nuevamente á repetir el fatídico *yo aquí no me quedo*; pero, esta vez dándole una importancia práctica, que consistió en mandar preguntar á la oficina, la hora del primer tren para Nueva York. Y á pesar del cansancio, decidí, *ipso facto*[313], levantarme á las seis, para dejar sin pena al famoso Saratoga.

---

313   *Ipso facto*: en el acto.

Capítulo XVIII

Volver á una ciudad como Nueva York, es siempre grato, y sobre todo lo es pasar de *Union Hotel* en Saratoga, al confortable *Clarendon*.

Con indecible placer penetré en el fresco Hall hospitalario y recibí las sonrisas de los amables *waiters*, que parecian todos decirme: *I know you*, (la conozco) en tanto, me ofrecian galantes el ancho abanico japonés, su inseparable compañero.

Mi amiga Mrs. Davison, que habitaba Staten Island, á corta distancia de Nueva York, me habia invitado á pasar algunos dias en su casa de campo.

Nada más sencillo, que tomar el ómnibus en el Hotel, bajar hasta la Batería, por Broadway, y embarcarse allí en un vapor semejante á los del Hudson.

Aquella isla era un paraíso y el chalet de madera de los Davison, una maravilla de *comfort*. Habia en el comedor, una especie de nicho mecánico giratorio, llamado *dumb waiter* (sirviente mudo), una verdadera *institution*; colocado á espaldas de la dueña de casa, con varios botones de metal numerados que respondian á otros tantos aparatos internos; así que uno ú otro se tocaba, veíanse aparecer, como en los tornos de los conventos, tan pronto las fuentes con manjares varios, tan pronto los platos limpios.

De esa suerte, el servicio era directo desde la cocina, y la cocinera sola, bastaba; verdad es, que la señora tenia que cuidar de poner las fuentes vacías y los platos usados en el famoso torno; mas como los Norte americanos casi no cambian los platos, la molestia no era excesiva. Acostumbran comerlo todo mezclado, de manera que, con excepcion del pescado ó marisco, las legumbres, los asados, los guisos, todo va *pêle mêle*.

La respuesta que me dio una vez un Yankee, al observarle yo, que á mí me era muy desagradable tal uso, fué gráfica: *A mí no, que despues todo se junta*.

Qué objetarle? Callé, como callaría cualquier hijo de vecino ante tal ocurrencia.

Aquel chalet, que constaba de tres pisos, tenia por todos lados bocinas con tubos de goma, que ponian en comunicacion los cuartos y los pisos. En esa época, el teléfono, como el ascensor, aún no eran sino un desideratum[314].

Pero, mediante las bocinas y campanillas eléctricas, Jessey, la cocinera, mucama y factotum[315], hacia con perfeccion el servicio de la familia; y el chalet, segun la expresion de nuestras abuelas, parecia *una tacita de plata*.

Las Jessey, no obstante, son excepciones en la Union; y necesitan una patrona que las dirija y las *ayude (help)* dia y noche. La buena Mrs. Davison al caer la tarde, solia decirme: «Estoy exhausta; pero, cuando ya no pueda más, me iré á descansar... al Hotel.» Y así lo efectuaba, ántes de instalarse en su casa de Nueva York, para la estacion de invierno.

La isla es pequeña, pero tan cultivada, tan verde, que todo el tiempo se pasea entre jardines. Los caminos son excelentes, recuerdan los de Francia, y el viajero se cree léjos de esa tierra Yankee, donde abundan los vapores y los ferrocarriles; pero, donde los caminos carreteros son tan execrables como los nuestros. La familia Davison era numerosa: se componía de tres varones y dos niñas.

---

314 *Desideratum*: [sic] desiderátum; deseo, aspiración.
315 *Factotum*: [sic] factótum; persona que desempeña en una casa o dependencia todos los menesteres.

En los Estados Unidos, el baile es considerado como un elemento de educacion muy principal, Sussy y Mabel me anunciaron, que en la próxima semana, iba á tener lugar un gran baile de niños en su escuela (*dancing school*) y que forzosamente, debia yo conducir, á esa fiesta á Eda y á Manuel.

Tuvo lugar ésta en Nueva York, á pesar del calor sofocante, y fué, como dicen allí, *quite a success*.

El salon, que era muy vasto, estaba *ciré* [316] á la francesa y adornado con ramas de árboles y algunas flores.

Notábase ausencia completa de sillas, pues las Norte americanas no se sientan nunca en las recepciones y mucho ménos en los bailes. Son de una resistencia inaudita, y me han causado siempre sorpresa y aún envidia.

El baile era una *matinée*, pues los Estados Unidos son la tierra clásica de las *matinées*, á pesar del calor urente de esos crueles dias de verano.

Precioso el espectáculo, deslumbrador!

Las chiquillas, casi todas rubias, con los cabellos ya *crimpled*, es decir ondulados, la pasion de las Americanas, ya en largos rizos dorados, que les caian más abajo de la cintura. Qué frescura, qué elegancia, qué animacion portentosas! Parecian ángeles, flores animadas, mujercitas en miniatura, houries [317] de paraíso mahometano [318], achicadas por ese procedimiento chino, que reduce el olmo arrogante y la robusta encina á dimensiones lilipucianas, sin que pierdan en proporcion ó en belleza; parecian muñecas de cera, primorosamente modeladas y vestidas por las hadas Muñequinta y Juguecunta; parecian sueño encantado de mimosa hija única; todo, ménos niños. Y digo niños, porque el elemento masculino no formaba contraste, á pesar de sus pocos años, con la correccion y elegancia de sus compañeras femeninas. Veíaseles, sin sombra de la *gaucherie* [319] inherente á los muchachos en los demas países, revolotear alrededor de las bellas engalanadas; y la palabra *papillonner*, mariposear, venía á imponerse á la imaginacion.

Vestidas con lujo digno del París imperial, bailaban con esquisita gracia y correccion, las discípulas del ceremonioso Mr. Tucker y su apostura nada de infantil revelaba.

---

316   *Ciré*: (fr.) encerado.
317   *Houries*: (fr.) huríes; las mujeres bellísimas creadas, según los musulmanes, para compañeras de los bienaventurados en el paraíso.
318   *Mahometano*: musulmán.
319   *Gaucherie*: (fr.) torpeza.

Mis muchachos, que no habian querido asistir á la fiesta, hubieran hecho allí fea figura. Es decir, figura de muchachos, contrastando con aquellos que no lo eran, ó por lo ménos, no lo parecian.

En la escuela de baile ví la *flirtation* en boton; ví la naciente flor, que más tarde, aquella misma noche, debia florecer en todo su esplendor en casa del banquero Phelps.

Chiquillas habia en *the school*, que revelaban ya una disposicion marcada, para esa coquetería *sui generis*[320] que Sardou[321] ha pintado con maestría.

Ví igualmente cabecitas de siete y ocho años, adornadas ya, con pelucas exhuberantes que corregian las precoces omisiones de la madre naturaleza.

En esa noche se aclamaba *the Queen of May* (reina de Mayo); tuve la suerte de verla conducir hasta un sillon elevado sobre gradas, especie de trono, donde toda la corte infantil, venía luego solícita á prestarle pleito homenage en forma de cortesía coreográfica. Lo que tal ceremonia, que se efectúa por votacion, tenga de moralizador para las niñas, escapa á mi penetracion.

Sonreia la reina benévola y con gracia hechicera aceptaba los ramilletes de flores de sus súbditos. Sea dicho de paso, más de una afelpada mejillita, ví surcada por reveladoras lágrimas, enjugadas furtivamente y algunas mamás me parecieron *disappointed*. Pero no ciertamente la de Sussy y Mabel, que, por lo contrario, desaprobaba tal ceremonia como antidemocrática y conducente á nada bueno.

El banquero Phelps[322], uno de los magnates de la Quinta Avenida, daba aquel mismo dia un baile en honor de los Príncipes de Orleans, que se hallaban de paso en la ruidosa metrópoli.

Á las nueve de la noche, penetré en la expléndida mansion, y si se exceptúa el inconveniente, de tener que bajar del carruaje en plena vereda, expuesta á las miradas de la mosquetería, que era numerosa, la entrada poco tenia de incómodo. Subir las gradas del perístilo de mármol en verano, es agradable, pues, el tapiz que las cubre, si bien tiene el inconveniente de moverse á cada paso, no espone al peligro de romperse una pierna, como ocurre cuando la nieve cae incesantemente

---

320 *Sui generis*: (lat.) único, sin par.
321 *Sardou*: Victorien Sardou (1831-1908), dramaturgo francés, conocido por su obra de teatro en la que se basaba la ópera *Tosca* de Giacomo Puccini.
322 **Nota de editor**: la referencia a *Phelps* aquí es ambigua, y puede ser un error de la autora. El señor puede que Anson Greene Phelps Jr (1818-1858), hijo del magnate comercial Anson Greene Phelps (1781-1853), aunque no concuerdan las fechas de la estancia de la autora en Nueva York y el fallecimiento del joven Phelps.

y moja sin piedad la alfombra, que se arruga, se adhiere á los piés; ó cuando el frio excesivo hiela cuanto toca. Entónces, aquella ascension en traje voluminoso y complicado de baile, con ligeros zapatitos de raso, elevados sobre tacos, se vuelve una ascension séria, peligrosa y llena de crueles peripecias.

El *hall* ó galería era relativamente estrecho en la lujosa *mansion*. Subimos al primer piso á dejar nuestros tapados, y esto no se efectuó fácilmente, porque las bellas Yankees, así como acostumbran á tomar el fresco sobre las gradas de sus puertas en la noche, gustan de sentarse en los bailes sobre los tramos de la escalera, solas ó en compañía de su *beau*.

El efecto es pintoresco; aquella escalera cuajada de preciosas muchachas que rien, charlan y ostentan sus lujosos atavíos es lindísima, es una viviente *escala de Jacob* [323], pero, como comfort, no obstante, para subir ó bajar, deja mucho que desear. Los *gentlemen* se ponen de pié, para facilitar el paso, pero como las *miss* se quedan sentadas, el espacio resulta ser muy escaso para los ángeles que ascienden ó descienden. De ahí saludos, risas y cierto atropello, que debe tener de grato; pero, que también, como toda rosa, no carece de espinas.

Pero, ya he conseguido llegar hasta el ancho dormitorio de la lujosa banquera. Allí está el peñusco [324] de *ladies*, las unas sentadas cambiándose las medias ellas mismas, ó tendiendo el pié para que la *maid* les pase la finísima calada, que ha de reemplazar las comunes de algodon, con que vinieron á pié, y los zapatitos de raso en que se truecan los *substantial* botines.

La práctica Yankee, lleva á las tertulias, en un *bag* (bolsa) de género de lavarse, nada elegante, pero muy cómoda, todo un arsenal de toilette, y, cuando despues de cruzar calles y avenidas en ómnibus ó en tramways, llega al deseado puerto y consigue enfrentarse allí con *the toilet table*, mesa de toilette, comienza la metamórfosis que suele durar cerca de una hora.

Muchas veces me he asombrado del tiempo que trascurria entre el campanillazo que anunciaba la presencia de una invitada, y el momento de su aparicion en mi salon. Y mi camarera esclamaba: «*Ah! madame*, traen el *chignon* [325], las flores, los zapatos, las medias, *dans leur*

---

323 *Escala de Jacob*: escalera al cielo que aparece en el *Génesis* (28: 11-19) por la que Jacob se imagina la huída de su hermano, Esaú. Otra interpretación de este concepto se refiere a la escalera entre el cielo y la tierra por la cual pasan los ángeles.
324 *Peñusco*: agrupación.
325 *Chignon*: (fr.) estilo de peinado en forma de rollo circular.

affreux sac [326], y empiezan á pedir polvos, orquillas, alfileres y cuanto les hace falta.»

Confieso que no penetré en el dormitorio de Mrs. Phelps: despojándome de mi capa en el *hall* la abandoné á su suerte, en poder de una de las negritas, que me aseguró *tendria de ella great care*, (mucho cuidado).

Comencé el descenso, y éste lo hallé, más penoso aún.

Las muchachas inmóviles y parleras, sólo interrumpian su charla para mirarme de arriba abajo y decirme con su mirar frio é inquisitorial: *Baja como puedas*. Yo no cesaba de repetir el semi risueño *Allow me!* (permítame Vd.) y ellas respondian: *Certainly!* pero, con elegante impertinencia, no se movian. Mas, como todo acaba hasta el bajar una escalera alfombrada de rubias *beauties*, halléme al fin en tierra firme y mediante vigorosos *push*, pude penetrar en el repleto salon de baile.

El lujo me envolvió en sus efluvios cálidos y penetrantes, la atmósfera mezclada de perfumes artificiales y naturales, oprimió mi respiracion; la luz desapiadada del gas, en toda su fuerza, me produjo el deslumbramiento vertiginoso, que las ondas sonoras de la música danzante, parecen acrecentar, y mis nervios adquirieron esa tension especial, que podria denominarse la neurosis de las fiestas y que no carece de cierto *mordente* penoso.

El salon, que era muy vasto, estaba ricamente decorado con cortinados de brocato rojo y cuadros de grandes dimensiones. Eran copias medianas de Madonnas de la escuela italiana y española, en marcos lujosísimos.

El Yankee no es conocedor en materia de artes; pero, bien dirigido, es dócil, como lo demuestra Stevens en París, gran amigo de Arsène Houssaye [327], que tiene una bellísima coleccion de cuadros y estátuas de precio y mérito real. Pero los que llegan sin tener el hilo de Ariadna [328] que los guie en aquel laberinto, compran las malas copias que allí abundan y no siempre baratas; el que no sabe es como el que no ve, y al fin todos los cuadros son cuadros, para ciertos compradores.

Aquellas Vírgenes, especialmente la de la *Seggiola* [329], que nunca falta en casa de un Yankee rico y *artist*, eran notas falsísimas en el

---

326 *Dans leur affreux sacs*: (fr.) "en sus horrendos bolsos".
327 *Arsène Houssaye*: (1815-1896), literato y crítico de arte francés y director del *Théâtre Français* hasta 1859.
328 *Ariadna*: en la mitología griega, era la diosa de la fertilidad de la isla de Creta.
329 *Seggiola*: famosa obra de la Virgen María intitulada *Madonna della Seggiola* (1513-1514) del célebre pintor italiano renacentista Rafael Sanzio, también conocido como Raffaello (1483-1520).

dancing saloon, de la Quinta Avenida. Las de Murillo[330], con su expresion más humana, chocaban ménos, y el desnudo niño Jesús, que parecia agitarse con las vibrantes notas de un *schotish*, creaba cierta ilusion de movimiento muy extraña. En el fondo del vasto salon, el Descendimiento de Rubens[331], copiado toscamente, chillaba, rugia con sus vivísimos colores; y sobre todo, creaba una de esas disonancias dolorosas, como suele con frecuencia producir la pintura, en consorcio mal *assorti*, con la música. Las artes que más difícilmente se hermanan, son la pintura, ó la escultura, con la música. Pero, cuando esto ocurre, el efecto es admirable. Escuchar la sonata patética de Beethowen[332] delante de la Niobe ó de la Pietà de Miguel Angel, es algo que sublima el sér y lo levanta á esferas superiores, donde el aire respirable es éter puro.

Vestidas con las modas de París, en extremo exageradas, como ocurre siempre en el exterior, resplandecian las Newyorkesas entre tules esponjosos, deslumbrantes de pedrería[333]. En Estados Unidos hay joyas muy bellas, y á pesar de los altísimos precios que por ellas se pagan, las Yankees tienen muchas alhajas. Entónces, especialmente, el furor eran *the bijoux*, pues más ó ménos, segun sus medios, todas las reinas de la moda pretendian imitar á la rubia Eugenia, la soberana que más joyas haya tenido en el mundo.

Las mujeres Americanas tenian adoracion por Eugenia, adoracion compuesta de una mezcla muy humana de envidia y de este pensamiento falaz: *Si Luis Napoleon me hubiera conocido á mí, yo, y no Eugenia, sería hoy Emperatriz.* Que á decir verdad, el *Eugenia, tout court*[334], era más síntoma de desden que de cariño, llegando algunas cándidas á creer, que la condesa de Teba, era puramente una mujer cualquiera, recogida *en el boulevard* por el afortunado autor del Coup d'Etat[335]; y no una dama encumbrada, de ilustre linaje y grandes vínculos sociales; sin olvidar ademas el prestigio soberano de la belleza, uno de los más poderosos, cuando á él se unen el lujo y la elegancia.

---

330 *Murillo*: Bartolomé Esteban Murillo (1618-1682), una de las figuras más importantes de la pintura barroca española.
331 *Rubens*: Pieter Paul Rubens (1577-1640), pintor flamenco, fue uno de los pintores barrocos más destacados de la Escuela Flamenca.
332 *Beethowen*: Ludwig van Beethoven (1770-1827), célebre compositor alemán de música clásica, considerado como el principal precursor de la transición del clasicismo al romanticismo.
333 *Pedrería*: conjunto de piedras preciosas.
334 *Tout court*: (fr.) rápidamente.
335 *Coup d'Etat*: (fr.) golpe de estado; referente, en este contexto, al golpe de estado que provocó Napoleón III el cual acabó con el reino de Luis Felipe de Francia en 1848.

Pocas *round dances* se bailaban en esa noche; en cambio las parejas eran siempre las mismas, y la *temporada*, como dicen mis compatriotas, era el elemento motriz de la *flirtation*.

Pero, qué es *flirtation*? Si mal no recuerdo, creo haber prometido un capítulo especial dedicado á ese tema.

Pero despues de reflexionarlo, me ocurre que no vale la pena.

En el ángulo más apartado de un pequeño saloncito algo solitario, hay un *pouff* bastante estrecho; sinembargo, en el caben dos, apretándose un tanto. Y en efecto, dos personas lo ocupan y atraen mis miradas. Pero lo que en realidad se ve, es una preciosa rubia muy lánguida y bella, que ostenta una crinolina de proporciones exageradas, sobre la cual, un traje de tul celeste se ahueca y esponja como un globo, describiendo una vasta circunferencia. Envuelto, confundido, aprisionado, disimulado, entre los tules, está á su lado, un mancebo, por lo ménos así lo parece, á juzgar por sus bigotes rubios, finísimos, y sus ojos chispeantes, que es lo único que alcanzo á divisar entre la confusion nebulosa de los tules de color cerúleo [336]. Eso es *flirtation*.

Pero no es todo: á poco andar, penetrando en la *serre* ó invernáculo indispensable, pues en toda casa de gente que tiene pretensiones fundadas á ser considerada rica, ésta no falta, hallo igualmente en la penumbra, que forma el gas tamizado por bombas de colores y elevados dracenas [337] y lustrosas gomas, otras parejas estrechadas, silenciosas, que también representan genuinamente *the american flirtation*.

De *flirtation*, *flirt* el verbo y *flirt* un sustantivo, que se usa así: «Esa muchacha es muy *flirt*,» dicen. Y no me ocurre cómo traducirlo, pues el: «She is a *coquette*» (es una coqueta), es considerado en Yankeeland como algo de muy duro y severo. Así, pues, me queda la duda de lo que en otras lenguas equivalga á *flirt*, y, como Sardou, uso la palabra tal cual.

El Norte americano usa mucho la palabra soirée [338], que él pronuncia *sori*.

Es igualmente difícil la salida de una de esas *sori*, porque la ceremonia del despojamiento, larga y complicada, requiere tiempo y espacio: el tiempo no falta, pero sí el espacio. Algunas veces he tenido lástima á las opulentas dueñas de casa que cedian así su aposento, el aposento en que iban despues á descansar, á esa alegre turba danzante.

---

336 *Cerúleo*: del color azul: propio del cielo despejado, de alta mar o de los grandes lagos.
337 *Dracenas*: género de aproximadamente 40 especies de árbol y arbusto, natural de Africa, Asia y América Central.
338 *Soirée*: (fr.) velada; reunión o fiesta nocturna.

Y no ha dejado de sorprenderme, no les ocurriera tener un sitio *ad hoc*[339]. Pero las Yankees son valerosas y sufridas; de otra suerte, cómo se atreverían á lanzarse á pié á la calle para ganar sus nidos, despues de una fiesta, desafiando el frío desapiadado y la nieve del invierno?

Con botines *subtantial* y medias gruesas, capucha de lana, un gran pañolon y el infaltable *beau*, la Yankee salva las distancias más grandes, despues de haber bailado cuatro horas; y al cerrarse la magna[340] puerta de calle tras de ella, aún se oyen sus cristalinas carcajadas y los alegres *take care*, con que bajan las resbaladizas gradas. Se comprende que con tales escollos, las matronas no desafien los inconvenientes de las fiestas y voluntariamente se retiren á cuarteles de invierno. Las niñas, si no van con *Pa*, llevan *the key* (la llave) y mediante el *beau*, respectivo que las escolta, *all is right*.

El high life, es decir, el que tiene coche ó cómo pagarlo, no va naturalmente á pié; pero ni la riqueza, ni el highlismo excluyen el *beau*, que es *institution*.

---

339 *Ad hoc*: (lat.) apropiado.
340 *Magna*: grande, principal.

Capítulo XIX

El doctor Acosta, un compañero de viaje, es decir, de travesía trasatlántica, habíame pedido permiso algunas veces, para acompañarme á Brooklyn, repitiéndome: ‹‹Es un sitio delicioso y allí conocerá Vd. la buena sociedad Americana.››

Confieso que despues de haber viajado ya tanto, la pereza me invadia; y con el calor creciente, postergaba la excursion de un dia para otro.

Una tarde llegó, sinembargo, el momento de realizarla y me dejé conducir por el buen doctor, sin entrar en grandes averiguaciones, con un: *Vamos!* más resignado que entusiasta.

‹‹Es cosa facilísima,›› agregó mi compañero; ‹‹y ademas, esta noche mis amigas tienen concierto.››

Lo del *concierto*, algo me desconcertó; pensé en la sencillez de mi traje, que al fin soy *lady*; y casi volví á aplazar la partida para otra ocasion.

Pero, ya sea pereza, ya benevolencia, cosas que á veces se asemejan y confunden, me planté valerosamente mi sombrerito, empuñé el paragüita, mi inseparable compañero, suspirando otro *Vamos* resignado, y nos pusimos en marcha.

Mal acostumbrada, á pesar de la experiencia adquirida en *Yankeeland*; esperaba que mi buen amigo Acosta, me condujera al famoso Brooklyn, sino en la carroza dorada de Cendrillon, por lo menos en uno de esos coches de á dos dollars la hora, que suelen estacionar en Union Square. Oh decepcion! Mi amigo, que aunque rico y Colombiano, se habia ayankeezado completamente, así que salimos del hotel, dijo tranquilamente: «Ahora, no más, pasa el *stage*; esperemos.»

Qué hacer? Callar y subir al elevado ómnibus blanco de rayas azules que por Broadway conduce á los pasajeros, hasta Fulton Ferry, para atravesar el rio del Este. Aquello era viajar y no pasear; pero, qué remedio? Fijé mi vista en un paisaje maravilloso, pintado en el interior del ómnibus, que representaba una amazona, galopando ligera y contenta por entre peñascos azules, de un azul de añil[341] crudo, y traté de distraerme con aquella maravilla artística.

Un momento llegué á imaginar que aquel ómnibus habia sido expresamente alquilado por el galante Hipócrates[342] Colombiano, para que con toda anchura efectuásemos los dos solos, la travesia hasta Brooklyn. No veia otros pasajeros y tampoco quién nos reclamara paga o remuneracion alguna. Pero mi ilusion duró lo que dura una ilusion, en esa tierra práctica. Leí una inscripcion repetida en varios sitios del vehículo, que suplica al viajero, deposite al entrar, diez centavos en la caja que se halla colocada bien á la vista, en el fondo del ómnibus, y que para no verla desde el primer momento, es menester ser ciego ó muy dado á ilusionarse, como yo.

El proceder es ingeniosísimo y en extremo práctico, para evitar el escollo de la falta de cambio. En ese caso, se toca una campanilla colocada al lado de la caja. El cochero pone dentro de un sobre cerrado hasta concurrencia de dos dollars de cambio; el pasajero abre el sobre, cambia y pone en la caja diez centavos.

Este sistema peligroso, ahorra á la Compañía un conductor y da buen resultado en aquel país de libertad y *self respect*: ignoro si podria implantarse con éxito en otras partes.

Bajar del *stage* (ómnibus) y embarcarse en el Ferry, es cosa de nada;

---

341 *Añil*: arbusto perenne de la familia de las Papilionáceas, de tallo derecho, hojas compuestas, flores rojizas en espiga o racimo, y fruto en vaina arqueada, con granillos lustrosos, muy duros, pardúscos o verdosos y a veces grises.
342 *Hipócrates*: Hipócrates de Cos (*circa* s. V a.C.-s. IV a.C.), el padre de la medicina moderna; (fig.) médico.

y como por encanto hallarse en el ameno Brooklyn, que parece, por el silencio y tranquilidad que en él se disfruta, situado á muchas leguas del ruidoso Broadway.

Cottages sin pretension y jardines á la antigua, es lo que abunda en ese faubourg[343] de Nueva York, con calles cubiertas de arboleda frondosa. La fisonomia de Brooklyn es especial; siéntese allí la tranquilidad, la paz de la familia inglesa, tal cual la pinta el autor del VICARIO DE WAKEFIELD[344]. Parece que dentro de esos *homes*, plácidos, modestos, no puede albergarse sino la virtud. Al entrar en uno de ellos, la impresion que del exterior recibí, no hizo sino acentuarse.

Hasta el traje de las muchachas, las famosas amigas de mi cicerone, tenia un sello de sencillez ó provincialismo distinguido, que me ganó desde luego.

Nada de *fast* en el atavio de las Miss Duncan; todo era modesto y armonioso, aunque sin *style*, ó *chic*.

Fast es término intraducible y que mucho se usa en Estados Unidos. *Fast* es la muchacha que con frecuencia cambia de traje y de *beau*; *fast* es la que inventa modas estrafalarias y *fast* es adjetivo ménos encomiástico que despreciativo. Literalmente *fast* es *ligero*; pero, todos sabemos que las Lenguas por lo general son filosóficas y como tal, un tanto misteriosas.

Lo repito, las Miss Duncan no eran *fast* y en el cuadro sencillo en el cual se movian, quedaban primorosamente, con sus bandós lacios, sin encrespar, moda favorita de la época, sus vestidos grises sin crinolina ni volados, y sus puños y cuello de hilo lisos tambien, que se armonizaban perfectamente con su mirar reservado y sus modales fáciles.

La madre, allí habia madre, era una bellísima anciana, paralítica, de tez delicada y facciones finas; y el padre un robusto viejo sonrosado, con talla de granadero[345] y voz de bajo profundo.

En un *parlor* pequeño, con muebles de caoba forrados de crin, como se usaban aquí en otro tiempo, que eran muy frescos si no en extremo muelles, hallábase reunida la familia al rededor de una gran mesa, donde habia libros, mapas, una esfera armilar y algunos instrumentos náuticos.

El padre había sido marino, y el hijo varon, un Benjamín de doce

---

343 *Faubourg*: (fr.) barrio.
344 *Vicario De Wakefield*: novela sentimental del novelista irlandés Oliver Goldsmith (1730-1774), publicada en 1766.
345 *Granadero*: soldado de elevada estatura perteneciente a una compañía que formaba a la cabeza del regimiento.

años, iba á seguir la misma carrera; ésto explicaba los compases, la esfera, la brújula y los mapas.

A la tibia luz del gas, apaciguado por una pantalla verde, todo el grupo de familia reunido en ese momento al rededor de la mesa del centro, estaba examinando con un gran lente de aumento, una mariposita dorada que prisionera se debatia entre dos vidrios.

La voz dulcísima de la madre, que decía: *Let is go* (Déjenla ir), fué lo primero que oí al entrar en aquel recinto, en el cual reinaba una atmósfera de dulzura y de paz inapreciables.

La acojida que me hicieron fué perfecta, y la anciana madre, la belleza de la familia, me cautivó desde luego. ‹‹No puedo moverme,›› dijo con voz plateada; y sin más cumplidos, agregó: ‹‹Niñas, abran el piano y toquen, que la señora no viene á fastidiarse.››

Mina y Sara tocaron á cuatro manos varias sonatas de Mendelssohn[346], de una manera prodigiosa: pocas veces he comprendido mejor esa música tan llena de misteriosos contrastes. El piano era, sin embargo, un instrumento viejo, de fábrica ya desconocida; pero, oh magia de la ejecucion! Aquellas dos hermanas, hubieran sacado sonidos dulces de una tabla rasa.

El robusto Comandante tocó luego la flauta con gran dulzura y correccion, acompañado por Mina, su favorita. Y como yo preguntara: ‹‹Qué melodía es ésta, tan bella y sencilla?›› Respondió sonriendo el marino, un: *Never mind*, (No importa) que me lo reveló compositor. La joven le seguia, le adivinaba, porque siempre sus inspiraciones eran fugaces.

Acosta me habia traicionado, me habia engañado, me habia anunciado, habia exagerado mi talento musical, y cuando llegó el momento de cantar en aquel centro tan artístico, tan plácido y sencillo, me sentí muy acortada. Vencí no obstante mi timidez, que hubiera podido ser mal interpretada por aquellas gentes simpáticas y modestas, y con el corazon palpitante, canté la serenata de Schubert[347].

Gustó mi canto, y de trozo en trozo llegué, despues de hacerme un tanto de rogar, lo confieso, hasta cantar la *Calesera*, de Iradier[348].

Obtuve con ella tal éxito, que hasta la paralítica, bellísima anciana, repetía: *Encore, encore!* y *bon gré, mal gré*, tuve que repetir mi andaluzada.

---

346 *Mendelssohn*: Félix Mendelssohn Bartholdy (1809-1847), compositor alemán de música romántica.
347 *Schubert*: Franz Peter Schubert (1797-1828), compositor musical de origen austríaco conocido como figura transicional entre la Escuela Clásica de Viena y la música romántica.
348 *Iradier*: Sebastián de Iradier y Salaverri (1809-1865), compositor español conocido principalmente por sus habaneras y especialmente por la titulada *La Paloma*, compuesta alrededor de 1860 tras una visita a Cuba.

Como los Ingleses, los Yankees gustan muchísimo de la música española. La experiencia me enseñó más tarde á no buscar laureles en Yankeeland, con melodías italianas ó francesas: como especialidad adopté las canciones andaluzas.

Para pasar al comedor contiguo, donde nos esperaba el substantial *te* americano, las dos hermanitas hicieron rodar sin esfuerzo el sillon de la paralítica, y el galante Comandante, me ofreció el brazo.

Muy á mi satisfaccion, resultó que el marino en sus mocedades[349], había visitado el Rio de la Plata y que, oh sorpresa! doña *Augustina*[350], esa *sister of Rosas*, de quien me habló con no poco encomio[351], era mi madre amada.

No puedo expresar el enternecimiento que aquel recuerdo me produjo; *She was divine*, (era divina!) repetía él entusiasta, «y nunca la olvidaré, *opening* (rompiendo) el baile con el Comodoro Golborough[352].» Más tarde debia yo conocer al Almirante, que me repetia sin cesar su gran aventura en Buenos Aires, *the opening* (rompiendo) el baile *with senora Augustina*.

Era ya algo entrada la noche, cuando dejamos la grata mansion de los Duncan y corrimos en busca del último Ferry, que por suerte estaba tan sólo á punto de irse.

La despedida fué efusiva, prometí volver sin falta y lo prometí, muy deseosa de cumplir mi promesa. Pero, la suerte habia dispuesto otra cosa.

«Doctor,» dije á mi amigo Acosta, «tienen *beau* Mina y Sara?»

«Creo que sí,» contestó.

«Y se casarán con ellos?»

«Puede que sí!» Fué la sibilina[353] respuesta, que me dió el lacónico Colombiano. Y yo, mientras cruzábamos el rio, iba reflexionando en este problema y aún tratando de imaginar, cómo serian, si no los dos alguno de los *beaux* de mis nuevas amigas.

A haber tenido el don de segunda vista, hubiera descubierto entónces, lo que ví realizado algunos años despues: Mina solterona, y Sara convertida en Mrs. Acosta. Ah! Era disimulado el doctor!

---

349 *Mocedades*: juventud.
350 *Augustina*: Augustina Rosas, hermana del gobernador de la Provincia de Buenos Aires, Juan Manuel de Rosas (1793-1877), y madre de la autora.
351 *Encomio*: alabanza encarecida.
352 *Comodoro Golborough*: [sic] Louis Malesherbes Goldsborough (1805-1877), almirante estadounidense quien luchó a favor de la Unión de Estados Unidos durante la Guerra de Secesión.
353 *Sibilina*: misteriosa.

Creo del caso decir, que, á pesar de la quietud, y falta de movimiento que reinaban en Brooklyn, no sucedia allí en esa época, lo que en Washington: es decir que las vacas y aún los cerdos, se pasearan á toda hora libremente por las calles, como ciudadanos de la Union; de tal suerte, que una noche, ya en el año 70, mi excelente amigo y colega del Brasil, hubo de romperse una pierna, por tropezar, delante de la puerta de la Legacion Argentina, con una vaca negra, que dormía allí tranquila, bajo el amparo de nuestra bandera. No se trataba entónces del finchado Caballero Lisboa, sino del distinguido poeta y estadista Magalhaens[354], poco despues Baron de Itajuba.

El Consejo de Higiene de Washington, á cuya cabeza se hallaba entónces mi muy querido amigo y médico, el homeópata doctor Verdí, dió con ese motivo una disposicion severa, que alejó para siempre de las calles de la Capital, las descarriadas vacas y vagabundos cerdos, con gran contentamiento del *Diplomatical Corp*, que gustaba de ganar sus casas despues de las once de la noche.

El hombre propone... A pesar de mis deseos, no pude visitar en la próxima semana, ni el Asilo de Sordo-mudos, ni el cementerio, que, como dice cierto viajero, ‹‹es tan espacioso, que los muertos descansan allí con anchura, ó á sus anchas.››

Me conteté con hacer una larga visita á la Libreria de Appleton; ese emporio magno, donde hay indudablemente muchos, muchos, más volúmenes que en la famosa biblioteca de Alejandria[355], destruida, por los Turcos segun unos, segun otros por los Cristianos; como si no fuera más natural creer, que esa obra de vandalismo fué puramente debida á la iniciativa brutal de la soldadesca indómita.

Todos conocen esas artísticas ediciones norte americanas, que se llevan la palma en Europa como en América y dan á los libros un aspecto tan atractivo, que los hace no sólo leer sino conservar.

Los Norte americanos, como los Ingleses, tienen ódio á las ediciones á la rústica y no las ponen nunca en manos de los niños, esos grandes destructores, que sólo suelen respetar lo bello.

Qué preciosidades edita Appleton[356] constantemente en materia de libros infantiles! Los Sajones son los primeros en ese género. Qué lujo de grabados, qué viñetas alegóricas, qué encuadernaciones doradas

---

354 *Magalhaens*: Domingo Jose Goncalves de Magalhaens (1811-1882), médico, diplomático, poeta y dramaturgo brasileño.
355 *Alejandria*: [sic] Alejandría; célebre ciudad egipcia fundada por Alejandro Magno en 331 (a.C.), famosa en la antigüedad por su faro y por su biblioteca.
356 *Appleton*: D. Appleton & Co., tienda fundada en 1825 por el comerciante Daniel Appleton quien, en 1831, empezó a publicar libros.

con ese relieve único, especialísimo á la librería americana! Y el texto? Esas *juveniles* de Abbot[357], Alcott[358], Marryat[359], Mayne Reed[360]; interminable pléyade de escritores para la infancia y juventud, que escriben en prosa elegante y sonoros versos.

La mina que se encuentra al entrar á casa de Appleton, es de tal riqueza, que deslumbra, fascina y abruma. Parece imposible que el espíritu humano pueda producir tanto.

Yo confieso que en los Museos, como en las grandes Librerias, me siento tan empequeñecida, tan abrumada por la cantidad, que no acierto casi á discernir la calidad.

Me ha sido siempre difícil leer en las Bibliotecas; aquel agrupamiento de libros, parece pesar sobre mi entendimiento y reducirlo á nada. Lo mismo me pasa con los cuadros; me parece que se dañan unos á otros; me producen confusion, sobre todo cuando por vez primera entro á un Museo.

Una preciosa edicion de Motley[361], THE RISE OF THE DUTCH REPUBLIC, *regateé* ese dia, como dicen los Franceses, en casa de Appleton; pero el librero fué tan inflexible cuanto mi estrecho *budget*; y no pude comprar aquella obra, mi favorita, vestida con el vistoso ropaje que tan bien le sentaba.

Quiso la fortuna compensarme de otra manera y aquella misma noche tuve la dicha de estrechar la mano del autor. Motley nos fué presentado por el banquero Phelps: para algo bueno sirven los banqueros; y escuché de los labios del gran historiador estas palabras:

«Señora V. me favorece, más fácil es escribir una buena historia que una buena novela; y V. ha escrito el Médico de San Luis[362].»

Hay horas dulces para los pobres autores!

Motley iba entónces á Washington á conferenciar con el Secretario de Estado, que poco despues le nombraba Ministro de los Estados

---

357 *Abbot*: Jacob Abbott (1803-1879), autor de literatura juvenil, historias breves, biografías, libros religiosos para el lector general y algunas obras de ciencia popular.

358 *Alcott*: Louisa May Alcott (1832-1888), novelista estadounidense conocida por su novela *Mujercitas*, publicada en 1868.

359 *Marryat*: el Capitán Frederick Marryat (1792-1848), novelista inglés conocido por sus obras marítimas y autor de la novela infantil *The Children of the New Forest*, publicada en 1848.

360 *Mayne Reed*: el Capitán Thomas Mayne Reed (1811-1883), oriundo de Irlanda del Norte, autor de obras infantiles para niños —como *The Castaways* (1870)— y capitán de alta mar durante la intervención estadounidense a México (1846-1848).

361 *Motley*: John Lothrop Motley (1814-1877), historiador, diplomático y autor de la obra señalada, la cual se publicó en cuatro volúmenes entre 1860–67.

362 *Médico de San Luis*: novela de la autora de ocrte sentimental, publicada bajo el seudónimo Daniel García Mansilla, el nombre de su hijo, en 1860.

Unidos, en esa *Dutch Republic*, cuyo nacimiento ha pintado con paleta májica, especialmente en el primer tomo, donde aparece la gran figura del Emperador Carlos V, sobre el cual, el patriota Americano arroja toda la odiosidad, que otros han acumulado sobre la cabeza del II Felipe y de su General el Duque de Alba, el destructor de Las Flandes. Motley moria doce años despues, en esa tierra de libertades, cuna de Guillermo de Orange[363], ese Taciturno que ha trazado el Bostoniano con un vigor de colorido y un brio dignos de Tácito[364].

Con los cabellos grises, muy abundantes y crespos, la fisonomia del historiador americano, por su dulzura y algunos de sus rasgos, recordaba la del doctor Montes de Oca[365], que acaba de dejar tan gran vacio entre nosotros. Motley tenia modales muy elegantes, gran hábito del gran mundo, gustaba mucho de la sociedad europea, que habia frecuentado en sus dilatados viajes y no mostraba nada del politician: verdad es que no lo era.

Alguna vez, más tarde, ví cruzar una sombra por la frente del olímpico Senador Sumner[366], cuando le manifesté mi admiracion por Motley.

‹‹*He is a dreamer*.›› Fué la respuesta de aquel personaje que no podia tolerar en América más reputacion que la suya. Sumner era, sinembargo, á más de hombre de accion, gran pensador y su erudicion vastísima, le señalaba como una excepcion entre los *politicians* de los tiempos modernos.

No ha llegado el momento de hablar detenidamente del gran abogado, del triunfante defensor de la raza desheredada, del hombre más popular en la Union, de aquél que más contribuyó con su influencia á la caida del Sud y que, sinembargo, no fué nunca Presidente.

Pero, no quiero, ya que de él me ocupo, echar en olvido una pregunta algo cándida, que me dirijió en mi salon de Washington algunos años despues.

‹‹Supongo, querida *señora*, que allá en el Plata Vd. y Mr. Sarmiento[367] son excepciones?›› Mi respuesta no viene aquí al caso; hay cosas que deben decirse fuera de la patria, y callarse en ella.

---

363 *Guillermo de Orange*: Guillermo I de Orange-Nassau (*Willem van Oranje-Nassau* en holandés; 1533-1584), líder de la rebelión contra la Corona Española debido a la persecución religiosa contra los protestantes.

364 *Tácito*: Publio Cornelio Tácito (55-120), historiador, senador, cónsul y gobernador romano.

365 *Montes de Oca*: Juan José Montes de Oca (1806-1876), célebre médico y catedrático de anatomía argentino. En 1862 asumió la Presidencia de la Facultad de Medicina en Buenos Aires.

366 *Sumner*: Charles Sumner (1811-1874), político estadounidense oriundo del estado de Massachussetts, conocido por su postura antiesclavista.

367 *Sarmiento*: Domingo Faustino Sarmiento (1811-1888), escritor y periodista argentino, segundo presidente de la nación (1868-1874), conocido por su interés en la educación pública y la inmigración extranjera.

Capítulo XX

Boston, esa Atenas de la Union Americana, despertaba muy especialmente mi interes. El *trip* á la Nueva Inglaterra, lo consideraba yo como una compensacion debida á las no pocas decepciones y fatigas, por mí sufridas en el constante va y viene del viajero, que ve las más veces, cosas que no interesan y prescinde de aquello que mucho le gusta. Algo por ese estilo me habia á mí pasado, por causas tan várias como complexas; y cuando mi paciencia se hallaba por de más puesta á prueba, repetía *in petto*[368] para consolarme: ‹‹No importa iré á Boston,›› y cobraba ánimo.

Desgraciadamente las noticias que de la patria llegaron, debian influenciar poderosamente nuestras decisiones. Aquellos que han viajado conocen el momento de *leer la correspondencia*, momento solemne, crítico, dulce y penoso á la vez: momento que abre las heridas ya casi cicatrizadas, que aviva los recuerdos apagados, borra por decirlo así, las imágenes presentes y nos trasporta por algunos instantes, á esa patria ausente, á la cual permanecemos adheridos por lazos invisibles, pero,

---

368   In petto: (ital.) en voz baja.

existentes, que recuerdan la teoría de aquel filósofo idealista: «El niño separado del seno materno, está durante dias y meses *attaché* á la madre, por un vínculo que no desaparece al cortarse el cordon umbilical; aquellos que tienen vista superior á la nuestra, pueden verlo y lo han visto en forma de surco luminoso.»

El vínculo que á la tierra madre nos ata, es real, es sólido, á veces doloroso, y esas cartas nos lo recuerdan, nos lo revelan constantemente con la mágia invisible de su espíritu y con la positividad prosáica que encierran. Alguien, que muy de cerca me tocaba, solia decir: «Nunca he recibido del Plata una sola carta, que alguna contrariedad no me trajera.»

La vida de nuestra sociedad, especialmente hace algunos años, era de trasformacion incesante, y ya sabemos que la trasformacion no se obtiene sin lucha, tanto en el órden moral como en el órden natural.

El encuentro de Pavon[369], habia cambiado en la patria la faz de los acontecimientos políticos: fué menester decir adiós á Yankeeland para volver al Viejo Mundo.

Con el andar de los tiempos, aquel adios resultó ser tan sólo un *hasta la vista*.

En un segundo tomo contaré mis impresiones de esa vuelta á la triunfante Union Americana, donde surgian ya en el Oeste los grandes elementos de vida que debian darle nuevas fuentes de riqueza y poderío. Allá en el Illinois crecia Chicago entre pantanos, ese Chicago, el asombro de los tiempos modernos, y al cual los antiguos habrian de seguro dado el nombre de nueva maravilla.

Cuando nos embarcamos en el vapor *City of New York*, que debía perderse poco despues sin que se supiera siquiera cómo, la Nacion Americana se hallaba en plena crísis, y la Metrópoli inglesa parecia dispuesta á mostrar su simpatía por la causa del Sud. Más tarde, debia yo conocer íntimamente á los miembros de la Comision Británica, que venía á tratar la famosa cuestion del Alabama; cuestion que tantos miles de libras esterlinas costó á la Inglaterra.

Pero, quién puede leer en ese arcano que se llama el porvenir? Hasta los políticos como Lord Palmerston[370] se equivocan. La Europa

---

369 Pavon: [sic] Pavón; localidad de la Provincia de Santa Fe, Argentina, donde se libró una batalla el 17 de septiembre de 1861 en la que las tropas de la Provincia de Buenos Aires –dirigidas por el general Bartolomé Mitre (1821-1906), gobernador de dicha provincia– lucharon contra las fuerzas de su contrincante de la Provincia de Entre Ríos, el general Justo José de Urquiza y García (1801-1870), presidente de la Confederación Argentina.
370 Lord Palmerston: Henry John Temple, tercer Visconde de Palmerston (1784-1865), estadista británico dos veces reconocido como primer ministro de Gran Bretaña.

toda simpatizaba con la causa del Sud, y como los demas hombres, los políticos suelen creer en aquello que les es grato.

En esos momentos, mi amigo Santiago Arcos [371], hombre de ideas liberales de alto vuelo, me escribía: *Amiga mía: Vd. es sudista ahora porque es una niña y aún no ha vivido: espere á envejecer para comprender y apreciar á esos rústicos Yankees que tanto chocan su sentimiento artístico.*

La profecía se cumplió, me complazco en reconocerlo, confesando mi pecado; yo era sudista.

Á pesar de los esclavos? se me dirá. Á pesar, respondo humildemente, que ese Sud, donde reinaba la esclavatura, era hasta entónces el monopolizador de la elegancia, del refinamiento, y de la cultura en la Union; verdad, que el Norte reconocia y proclamaba á cada paso en sus aspiraciones sociales.

Cayó vencido, aniquilado ese Sud tan simpático á pesar de sus errores; y sus mujeres más hermosas, más educadas, más opulentas, tuvieron que vivir del trabajo de sus manos. Algunas damas de la mejor sociedad, de Nueva Orleans, se vieron reducidas á ser has

ta cocineras. Expiacion [372] horrenda! Leccion cruel, que llegó á enternecer á esos mismos esclavos, libertados por las llamas y el hierro del vencedor!

Con los ojos humedecidos por las lágrimas, me despedí de Nueva York. Allí quedaba uno de mis mejores amigos, ese buen Molinita, que no debia yo volver á ver jamas. La muerte rompió, ó mejor dicho, interrumpió una amistad tan estrecha, tan pura.

Fin del Tomo Primero

---

371 Santiago Arcos: (1822-1874), escritor y político chileno, amigo de Domingo Faustino Sarmiento con el que viaja desde Estados Unidos hasta Valparaíso.
372 Expiacion: [sic] expiación; acto de purificarse de ellas por medio de algún sacrificio.

Thank you for acquiring

Recuerdos de viaje

from the
Stockcero collection of Spanish and Latin American significant books of the past and present.

This book is one of a large and ever-expanding list of titles Stockcero regards as classics of Spanish and Latin American literature, history, economics, and cultural studies. A series of important books are being brought back into print with modern readers and students in mind, and thus including updated footnotes, prefaces, and bibliographies.

We invite you to look for more complete information on our website, **www.stockcero.com**, where you can view a list of titles currently available, as well as those in preparation. On this website, you may register to receive desk copies, view additional information about the books, and suggest titles you would like to see brought back into print. We are most eager to receive these suggestions, and if possible, to discuss them with you. Any comments you wish to make about Stockcero books would be most helpful.

The Stockcero website will also provide access to an increasing number of links to critical articles, libraries, databanks, bibliographies and other materials relating to the texts we are publishing.

By registering on our website, you will allow us to inform you of services and connections that will enhance your reading and teaching of an expanding list of important books.

You may additionally help us improve the way we serve your needs by registering your purchase at:

http://www.stockcero.com/bookregister.htm

www.ingramcontent.com/pod-product-compliance
Lightning Source LLC
Chambersburg PA
CBHW021845220426
43663CB00005B/403